LA REVOLUCIÓN
DE UNA BRIZNA DE PAJA

Título: *La revolución de una brizna de paja*
Autoría: Masanobu Fukuoka

1.ª edición castellana: Instituto Permacultura Montsant
www.permacultura-montsant.org
2.ª edición castellana, 2022, Barcelona
3.ª edición castellana, 2026, Barcelona
Colección *Barricada Present*
Descontrol Editorial

C/ Constitució n.º 19, Can Batlló nau 80, 08014 Barcelona
www.descontrol.cat // Tel. 93 4223787

ISBN: 979-13-87791-11-7
Depósito Legal: B 5605-2026

Edición: Descontrol Editorial // editorial@descontrol.cat
Maquetación y diseño: Descontrol Editorial
Corrección: Vicenç Benéitez
Impreso en: Descontrol Impremta | impremta@descontrol.cat
Distribución: Descontrol Distribució | distribucio@descontrol.cat

自然農法 わら一本の革命
SHIZEN NOHO WARA IPPON NO KAKUMEI
Publicado por Shunjusha Publishing Company
Copyright © 1978, 2004 Masanobu Fukuoka
Traducción al español basada en la traducción al inglés de Larry Korn,
Chris Pearce y Tsune Kurosawa de la edición original en japonés
Derechos de traducción al español gestionados con Michiyo Shibuya
a través de Japan UNI Agency, Inc., Tokio

LA REVOLUCIÓN
DE UNA BRIZNA DE PAJA

MASANOBU FUKUOKA

EDITORIAL

DESCONTRÓL

ÍNDICE

INTRODUCCIÓN

Cerca de una pequeña aldea de la isla de Shikoku, en el sur de Japón, Masanobu Fukuoka ha estado desarrollando un método de agricultura natural que podría llegar a invertir la inercia degenerativa de la agricultura moderna.

La agricultura natural no necesita maquinaria ni productos químicos y requiere muy poco desherbaje. El Sr. Fukuoka no labra el suelo ni utiliza compost. No retiene el agua en sus campos de arroz a lo largo de la estación de crecimiento tal como lo han hecho durante siglos los cultivadores de arroz en Oriente a lo largo del mundo. El suelo de sus campos no ha sido labrado desde hace veinticinco años, y sin embargo sus rendimientos se equiparan a los de las explotaciones japonesas más productivas.

Su método de agricultura requiere menos labor que cualquier otro. No causa contaminación, no necesita combustibles fósiles.

Cuando empecé a oír hablar del Sr. Fukuoka era escéptico. ¿Cómo podía ser posible obtener altos rendimientos cada año con cultivo de arroz y cereales de invierno simplemente esparciendo la semilla sobre la superficie de un campo sin labrar? Tenía que haber algo más.

Durante varios años he estado viviendo con un grupo de amigos en una granja de las montañas del norte de Kioto. Nosotros utilizábamos los métodos tradicionales de la agricultura japonesa para cultivar arroz, centeno, cebada, soja y varias hortalizas. Los visitantes de nuestra granja a menudo hablaban del trabajo del Sr. Fukuoka. Ninguna de las personas había estado el tiempo suficiente en su explotación para aprender los detalles de su técnica, pero estas conversaciones excitaron mi curiosidad.

Cada vez que había un periodo de descanso en nuestro programa de trabajo viajaba a otras partes del país deteniéndome en explotaciones comunes y realizando trabajos eventuales a lo largo del camino. En una de estas excursiones visité la explotación del Sr. Fukuoka para conocer por mí mismo su trabajo.

No estoy muy seguro de cómo esperaba que fuese, pero después de haber oído hablar tanto sobre este gran profesor me sorprendió algo el que vistiese las ropas y calzado del agricultor japonés corriente.

Sin embargo, su blanca barba y su forma de ser, vigilante y segura, le conferían la apariencia de una persona poco corriente.

Me quedé durante varios meses en la explotación del Sr. Fukuoka; durante esta primera visita trabajamos en los campos y en el vergel de cítricos. Allí, durante las discusiones nocturnas con otros trabajadores, estudiantes en una cabaña con paredes de barro, se me hicieron claros gradualmente los detalles del método del Sr. Fukuoka y su filosofía inherente.

El vergel del Sr. Fukuoka está localizado en una ladera orientada hacia la bahía de Matsuyama. Esta es la «montaña» donde viven y trabajan sus estudiantes.

Muchos de ellos llegan con la mochila a sus espaldas sin saber lo que les espera. Se quedan durante unos cuantos días o algunas semanas, y desaparecen de nuevo montaña abajo. Pero generalmente queda un núcleo de cuatro o cinco estudiantes que permanecen allí alrededor de un año.

A lo largo de los años, mucha gente, tanto hombres como mujeres, han venido y se han quedado a trabajar. No hay comodidades modernas. El agua fresca se transporta en cubos desde el manantial, los alimentos se cocinan en un hogar de leña, y la iluminación se obtiene de velas y lámparas de queroseno.

La montaña es rica en plantas silvestres y hortalizas. De los ríos cercanos se pueden obtener peces y crustáceos, y del mar interior de las islas, distante unos pocos kilómetros, algas marinas. Los trabajos varían según la estación y el clima. El día de trabajo comienza a las ocho, hay una hora para el almuerzo (dos o tres horas en los cálidos días verano), los estudiantes regresan del trabajo a sus cabañas justo antes del anochecer.

Además de los trabajos agrícolas, están las tareas domésticas del acarreo del agua, cortar leña, cocinar, preparar el baño caliente, cuidar las cabras, alimentar las gallinas y recoger sus huevos, vigilar las colmenas, reparar y ocasionalmente construir nuevas cabañas y preparar miso (pasta de soja) y tofu (cuajada de leche de soja).

El Sr. Fukuoka aporta mensualmente 10.000 yenes para cubrir los gastos de manutención de toda la comunidad. Estos consisten en su mayor parte en la adquisición de salsa de soja, aceite vegetal y otros artículos que no se pueden fabricar a pequeña escala. Para el resto de sus necesidades, los estudiantes deben contar enteramente con los productos que cultivan, los recursos de la zona y su propio ingenio.

El Sr. Fukuoka tiene expresamente a sus estudiantes viviendo de esta forma semiprimitiva tal como él la practica desde hace muchos años porque cree que este tipo de vida desarrolla la sensibilidad necesaria para practicar la agricultura según su método natural. En el área de Shikoku donde vive el Sr. Fukuoka el arroz se cultiva en las llanuras costeras y los cítricos en las laderas de las montañas. La explotación del Sr. Fukuoka consiste en 0,6 ha de campos de arroz y 0,6 ha de mandarinos. Esto puede parecer poca cosa a un agricultor occidental, pero dado que todo el trabajo se realiza con las herramientas tradicionales japonesas se necesita mucha labor para mantener incluso esta pequeña superficie.

El Sr. Fukuoka trabaja con los estudiantes en los campos y en el vergel, pero nadie sabe exactamente cuándo visitará el lugar de trabajo. Parece tener el don de aparecer en los momentos en que menos se le espera. Es un hombre activo, siempre charlando sobre algún tema. Algunas veces reúne a los estudiantes para discutir el trabajo que están realizando, a menudo señalando la forma en que este podría desarrollarse más fácil y rápidamente. Otras veces habla sobre el ciclo biológico de una mala hierba o una enfermedad fúngica del vergel, y ocasionalmente se detiene a recordar y reflexionar sobre sus experiencias agrícolas.

Además de explicar sus técnicas, el Sr. Fukuoka también enseña las técnicas fundamentales de la agricultura.

Enfatiza la importancia de cuidar bien las herramientas y nunca se cansa de demostrar su utilidad.

Si algún recién llegado espera que la agricultura natural signifique que la naturaleza cuida los cultivos, mientras puede sentarse a observarla, el Sr. Fukuoka pronto le enseña que hay muchas cosas que tiene que saber y conocer. Estrictamente hablando, la única agricultura «natural» es la caza y la recolección.

Hacer crecer cultivos es una innovación cultural que requiere conocimiento y esfuerzo. La diferencia fundamental es que el Sr. Fukuoka practica la agricultura cooperando con la naturaleza en lugar de tratar de «mejorarla» mediante su conquista.

Algunos visitantes vienen solamente a pasar una tarde, y el Sr. Fukuoka les muestra pacientemente su explotación. Frecuentemente se le ve subiendo a grandes zancadas por el camino de la montaña seguido de un grupo de diez o quince visitantes resoplando detrás de él. Sin embargo, no ha habido siempre tantos visitantes.

Durante años, mientras estaba desarrollando su método, el Sr. Fukuoka tuvo poco contacto con las personas de fuera de su aldea.

Cuando era joven, el Sr. Fukuoka abandonó su hogar rural y viajó a Yokohama para seguir la carrera de microbiólogo. Se especializó en enfermedades de plantas y trabajó durante algunos años en un laboratorio como inspector agrícola de aduanas. Fue durante esta época, cuando todavía era un hombre joven de 25 años, que el Sr. Fukuoka pasó una experiencia que debía formar la base de su vida, y que sería el tema de este libro, *La revolución de una brizna de paja*. Dejó su trabajo y regresó a su aldea nativa para probar la solidez de sus ideas, aplicándolas en sus propios campos.

La inspiración de su método natural de agricultura le vino un día en que pasaba accidentalmente a través de un campo que no había sido cultivado ni utilizado durante muchos años. Allí vio que unas vigorosas plantas de arroz brotaban de entre una maraña de hierba.

A partir de entonces dejó de inundar sus campos para cultivar el arroz. Dejó de sembrar el arroz en primavera y en su lugar lo sembró en otoño, directamente sobre la superficie del campo en el momento en que naturalmente habría caído sobre el suelo. En vez de labrar el suelo para librarse de las malas hierbas, aprendió a controlarlas mediante una cubierta vegetal más o menos permanente de trébol blanco, y un acolchado de paja de trigo y de centeno.

Una vez que observa que las condiciones se han inclinado a favor de sus cultivos, el Sr. Fukuoka interfiere tan poco como le es posible sobre las comunidades vegetales y animales de sus campos.

Dado que muchos occidentales –incluso agricultores– no están familiarizados con la rotación del arroz y cereal de invierno y dado que el Sr. Fukuoka hace muchas referencias al cultivo de arroz en su libro, sería útil decir unas palabras sobre la agricultura tradicional japonesa.

Originalmente se sembraba directamente a voleo la semilla de arroz sobre las llanuras aluviales inundadas durante la época de los monzones. Eventualmente, las tierras bajas se aterrazaron para poder contener el agua del riego, incluso después de haber cesado las inundaciones. Por el método tradicional, utilizado en el Japón hasta finales de la Segunda Guerra Mundial, la siembra del arroz se hacía en un bancal-semillero cuidadosamente preparado. Se distribuía compost y estiércol sobre los campos, siendo entonces inundados y labrados hasta tener una consistencia semejante a la del puré de guisantes. Cuando las plantitas tenían cerca de 20 cm de altura eran trasplantadas a mano a los campos. Trabajando firmemente, un agricultor experimentado podía trasplantar 0,1 ha al día, pero este trabajo lo hacían casi siempre varias personas trabajando juntas.

Una vez se había trasplantado el arroz, el campo se cultivaba ligeramente entre las líneas. Posteriormente se arrancaban las malas hierbas a mano y se cubría a menudo el campo con un acolchado. Durante tres meses los campos permanecían inundados, con el nivel de agua a 2,5 o más centímetros sobre el suelo. La siega se hacía a mano con una hoz. El arroz se ataba en haces y se colgaba sobre enrejados de bambú durante unas cuantas semanas para que se secara antes de la trilla del grano. Desde el trasplante a la cosecha, cada centímetro del campo había sido trabajado a mano por lo menos cuatro veces. Tan pronto como se finalizaba la cosecha del arroz se labraba el campo formando lomos aplanados de aproximadamente 30 cm de anchura alternados con surcos de drenaje.

Se sembraba centeno o cebada sobre los lomos y se cubrían con tierra. Esta rotación era posible gracias a un calendario de siembra bien planeado y al cuidado puesto en mantener los campos bien provistos de materia orgánica y nutrientes esenciales. Es de destacar que utilizando el método tradicional, los agricultores japoneses conseguían un cultivo de arroz y otro de cereal de invierno cada año en el mismo suelo, durante siglos, sin reducir la fertilidad del suelo.

A pesar de reconocer muchas de las virtudes de la agricultura tradicional, el Sr. Fukuoka cree que esta implica trabajos que no son necesarios. Habla de su propio método como la agricultura «del no hacer» y dice que hace posible, incluso para un agricultor de fin de semana, cultivar suficientes alimentos para toda la familia.

Sin embargo, la denominación de este método no significa que pueda llevarse a cabo sin esfuerzo. Su explotación se mantiene mediante un programa regular de trabajos en los campos; lo que se hace debe realizarse correctamente y con sensibilidad. Una vez que el agricultor ha decidido que una parcela de tierra debe contener arroz u hortalizas y ha esparcido la semilla, debe entonces asumir la responsabilidad de mantener esa parcela. Alterar la naturaleza y abandonarla después es dañino e irresponsable.

En el otoño el Sr. Fukuoka siembra el arroz, el trébol blanco y el cereal de invierno en el mismo campo y los cubre con una espesa capa de paja de arroz. El centeno o la cebada y el trébol brotan inmediatamente, pero las semillas de arroz permanecen latentes hasta la primavera. Mientras el cereal de invierno está creciendo y madurando en los campos bajos, las laderas del vergel se convierten en el centro de la actividad. La cosecha de los cítricos dura desde mediados de noviembre hasta abril.

El centeno y la cebada se siegan en mayo y se esparcen sobre el campo para que se sequen durante una semana o diez días. Entonces se trillan y se aventan, y se meten en sacos para su almacenamiento. Toda la paja se esparce sin triturar sobre los campos como acolchado. Los campos se mantienen inundados durante un corto periodo de tiempo durante las lluvias monzónicas de junio para debilitar el trébol y las malas hierbas y dar así al arroz la oportunidad de brotar a través de la capa vegetal que cubre el suelo. Una vez que se ha drenado el campo, el trébol se recupera y se extiende creciendo por debajo de las plantas de arroz en crecimiento. Desde entonces hasta la cosecha, una época de pesado trabajo para el agricultor tradicional, las únicas labores en los campos de arroz del Sr. Fukuoka son las de conservación de los canales de drenaje y las de segar la hierba de los estrechos caminos entre los campos.

El arroz se cosecha en octubre. Las gavillas se cuelgan para que se sequen y luego son trilladas. La siembra de otoño se finaliza justo antes de que las variedades tempranas de mandarinas estén maduras y listas para su cosecha.

El Sr. Fukuoka cosecha entre 4.900 y 5.800 kg de arroz por hectárea. Esta producción es aproximadamente la misma que se obtiene según el método tradicional o el método químico en su región. El rendimiento de su cosecha de cereal de invierno es frecuentemente mayor que el de los agricultores que emplean las técnicas tradicionales o las técnicas químicas utilizando ambas el método de cultivo a base de lomos y surcos.

Los tres métodos (natural, tradicional y químico) dan rendimientos similares, pero difieren marcadamente en su efecto sobre el suelo.

El suelo en los campos del Sr. Fukuoka mejora con cada estación. Durante los últimos 25 años, desde que dejó de labrar el suelo, sus campos han mejorado en fertilidad, estructura y en su habilidad de retener el agua.

Siguiendo el método tradicional, el estado del suelo a lo largo de los años permanece sin variación, y el agricultor obtiene cosechas proporcionales a la cantidad de compost y estiércol que incorpora. El suelo en los campos del agricultor que emplea los métodos químicos se vuelve inanimado y se agota su fertilidad natural en muy poco tiempo. Una de las mayores ventajas del método del Sr. Fukuoka es que el arroz puede cultivarse sin inundar los campos durante la época de crecimiento.

Poca gente ha llegado a pensar que esto fuese posible: lo es, y el Sr. Fukuoka mantiene que el arroz crece mejor de esta manera. Sus plantas tienen un vigoroso tallo y raíces profundas. La antigua variedad de arroz glutinoso que cultiva, produce entre 250 y 300 granos por espiga. La utilización de acolchado incrementa la capacidad del suelo para retener el agua. En muchos lugares, la agricultura natural puede eliminar la necesidad de regar. El arroz y otros cultivos de alto rendimiento pueden entonces cultivarse en áreas en las que previamente no se creía posible. Las tierras con pendientes o marginales por otro motivo, pueden ponerse en producción sin peligro de erosión.

Por medio de la agricultura natural, pueden rehabilitarse efectivamente los suelos que han sido dañados por medio de prácticas agrícolas negligentes o por el empleo de productos químicos. Las enfermedades y los insectos causantes de plagas están presentes en los campos en el vergel, pero las cosechas no son nunca devastadas.

El daño afecta únicamente a las plantas más débiles. El Sr. Fukuoka insiste en que el mejor control de plagas y enfermedades consiste en cultivar las plantas en un ambiente sano. Los frutales del vergel del Sr. Fukuoka no se podan bajos y anchos para facilitar su cosecha, sino que les permite crecer tomando su forma natural. Las hortalizas y hierbas se cultivan en las laderas del vergel con un mínimo de preparación del suelo. Durante la primavera se mezclan semillas de badana, col, rábano, soja, mostaza, nabo, zanahoria y otras hortalizas y se siembran a voleo para que germinen en el espacio libre entre los árboles antes de alguna de las largas lluvias de primavera.

Obviamente, este tipo de siembra no resultaría adecuado en cualquier lugar. Da buen resultado en el Japón, donde hay un clima húmedo con lluvia segura durante los meses de primavera. La textura del suelo del Sr. Fukuoka es arcillosa. La capa superficial es rica en materia orgánica friable y con buena capacidad de retención del agua. Este es el resultado de la cobertura de hierbas y trébol que ha crecido continuamente en el vergel durante muchos años.

Las malas hierbas deben segarse cuando las hortalizas son jóvenes, pero una vez que las hortalizas están bien establecidas, se les permite crecer junto con la cobertura de trébol. Algunas hortalizas no se cosechan, sus semillas caen al suelo y, después de una o dos generaciones, vuelven a presentar los hábitos de crecimiento de sus vigorosos antecesores, de sabor ligeramente amargo.

Muchas de estas hortalizas crecen sin ningún cuidado. Una vez, poco después de haber llegado a la explotación del Sr. Fukuoka, estaba caminando a través de una sección lejana del vergel, cuando inesperadamente tropecé con algo duro entre la alta hierba.

Parándome para observarlo más detenidamente vi que era un pepino, y junto a él encontré una calabaza anidando entre el trébol.

Durante años el Sr. Fukuoka escribió sobre su método en libros y revistas y se le entrevistó por radio y televisión pero casi nadie siguió su ejemplo. En esa época la sociedad japonesa se movía con determinación en la dirección opuesta.

Después de la Segunda Guerra Mundial, los americanos introdujeron la moderna agricultura química en el Japón. Esto permitió a los agricultores japoneses producir aproximadamente con los mismos rendimientos que los métodos tradicionales, pero redujeron el tiempo empleado en el trabajo en algo menos de la mitad.

Esto parecía un sueño convertido en realidad, y en menos de una generación casi todos habían adoptado la agricultura química.

Durante siglos, los agricultores japoneses habían mantenido el nivel de materia orgánica en el suelo mediante la rotación de cultivos, añadiendo compost y estiércol, y cultivando abonos verdes para mantener cubierto el suelo.

Una vez que estas técnicas se abandonaron, utilizando en su lugar los abonos químicos de rápida acción, el humus del suelo se agotó en una sola generación. La estructura del suelo se deterioró, los cultivos se debilitaron y se volvieron dependientes de los abonos químicos. Para compensar la reducción en trabajo humano y animal, el nuevo sistema destruía las fértiles reservas del suelo.

Durante los últimos cuarenta años, el Sr. Fukuoka ha observado con indignación la degeneración tanto de la tierra como de la sociedad japonesa. Los japoneses siguieron ciegamente el modelo americano de desarrollo económico e industrial, la población se trasladaba a medida que los agricultores emigraban del campo a las crecientes áreas industriales.

La aldea rural donde nació el Sr. Fukuoka y donde su familia vivió durante 1.400 o más años, ahora está en el límite de los suburbios en expansión de la ciudad de Matsuyama. Una carretera nacional, con sus fragmentos de botellas de sake y su basura, pasa a través de los campos de arroz del Sr. Fukuoka.

A pesar de que él no identifica su filosofía con ninguna secta u organización religiosa en particular, la terminología y métodos del Sr. Fukuoka están fuertemente influenciados por el budismo zen y el taoísmo.

A veces también cita párrafos de la Biblia, y presenta puntos de la filosofía y teología judeocristiana para ilustrar lo que está diciendo, o para estimular la discusión.

El Sr. Fukuoka cree que la agricultura natural procede de la salud espiritual del individuo. Considera que el sanar la tierra y la purificación del espíritu humano son un mismo proceso y propone un tipo de vida y de agricultura por medio del cual puede tener lugar este proceso.

Es poco realista pensar que en el curso de su vida, en las condiciones actuales, el Sr. Fukuoka podrá contemplar su visión llevada a la práctica. Incluso después de más de treinta años sus técnicas están todavía en evolución.

Su gran contribución es demostrar que el proceso diario de establecer la salud espiritual puede traer una transformación práctica y beneficiosa del mundo.

Hoy día el reconocimiento general de los peligros a largo plazo de la agricultura química ha renovado el interés de los métodos alternativos de agricultura.

El Sr. Fukuoka ha surgido como un portavoz autorizado de la revolución agrícola en el Japón. Desde la publicación de *La revolución de una brizna de paja* en octubre de 1975, el interés por la agricultura natural se ha difundido rápidamente entre la población japonesa.

Durante el año y medio que trabajé en la explotación del Sr. Fukuoka viajé frecuentemente a mi explotación en Kioto. Allí todos estaban ansiosos de poner en práctica este nuevo método y gradualmente nuestra tierra fue convirtiéndose a la agricultura natural.

Además del arroz y la cebada de la rotación tradicional también cultivamos trigo, trigo sarraceno, patatas, maíz y soja siguiendo el método del Sr. Fukuoka.

Para plantar maíz y otros cultivos en hilera, que crecen lentamente, hacemos un agujero en el suelo con un palo o un trozo de bambú y ponemos una semilla en cada hoyo. Nosotros asociamos el maíz con soja siguiendo el mismo método o cubriendo las semillas con arcilla y esparciéndolas sobre el campo. Entonces segamos la cobertura vegetal de hierba y trébol blanco y cubrimos el campo con paja. El trébol rebrotará, pero solamente después de que el maíz y la soja estén bien establecidos.

El Sr. Fukuoka nos pudo ayudar haciendo algunas sugerencias, pero tuvimos que ajustar el método mediante ensayos y errores a nuestras condiciones locales y cultivos. Sabíamos desde el comienzo que tardaría más de algunas estaciones, tanto para la tierra como para nuestro espíritu, cambiar a la agricultura natural. La transición se ha convertido en un proceso continuo.

Larry Korn

LA REVOLUCIÓN
DE UNA BRIZNA DE PAJA

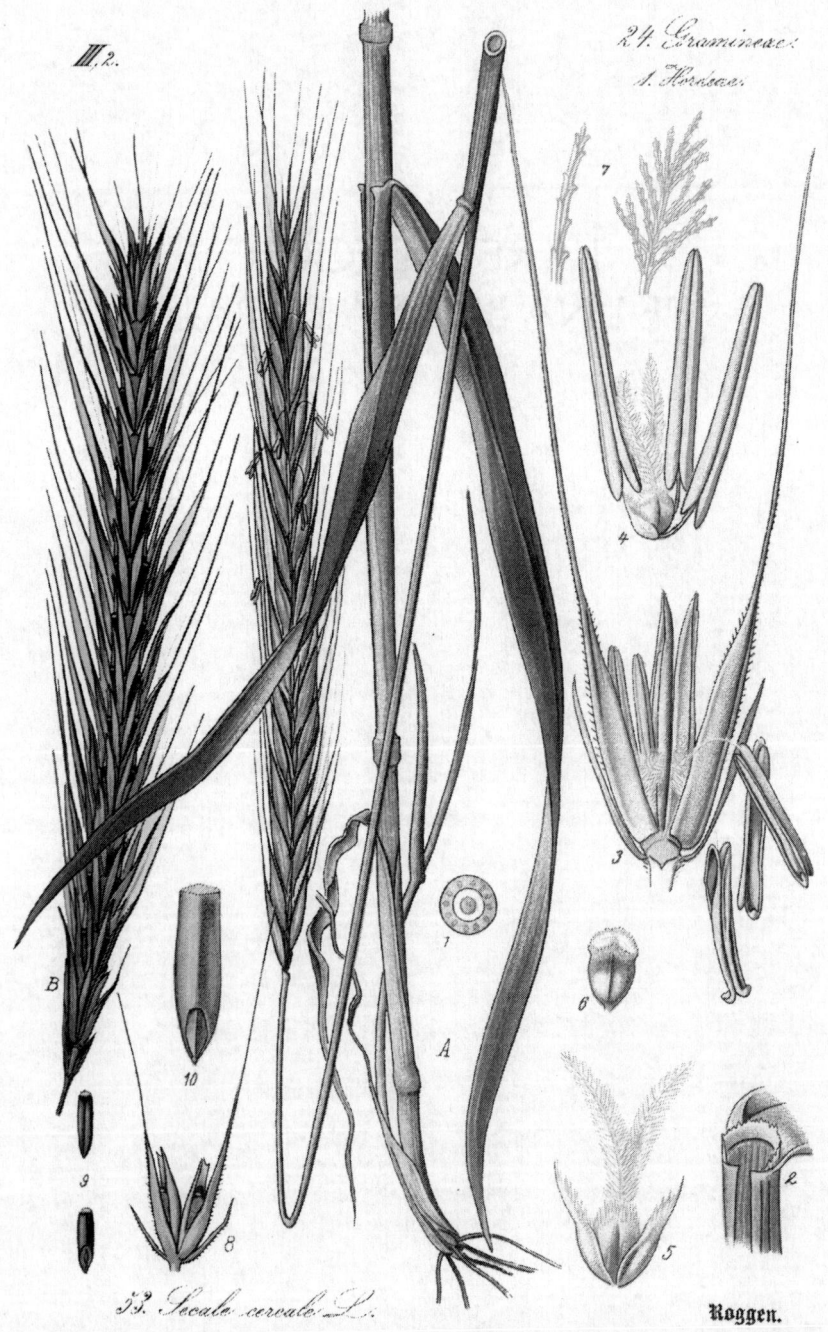

24. Gramineae.
A. Hordeae.

53. Secale cereale L.

Roggen.

I

MIRAD ESTE GRANO

Creo que esta brizna de paja puede originar una revolución. A primera vista, esta paja de arroz puede parecer ligera e insignificante. Difícilmente nadie puede creer que puede ser el origen de una revolución. Pero yo he llegado a darme cuenta del peso y el poder de esta paja. Para mí esta revolución es muy real.

Observa estos campos de centeno y cebada. Cuando hayan madurado rendirán cerca de 5.900 kg de grano por hectárea. Creo que esta producción iguala a la mayor producción de la Prefectura de Ehime.

Y si iguala a la mayor producción de la Prefectura de Ehime puede fácilmente igualarse a la producción máxima obtenida en el país, ya que Ehime es una de las mejores regiones agrícolas del Japón. Y sin embargo estos campos no han sido labrados desde hace veinticinco años.

Para la siembra, simplemente esparzo a voleo centeno o cebada por estos campos durante el otoño, mientras el arroz todavía está en pie. Unas semanas más tarde cosecho el arroz y esparzo su paja sobre los campos. Es lo mismo para la siembra del arroz. Estos cereales de invierno se cosecharán hacia el 20 de mayo.

Cerca de dos semanas antes de que hayan madurado completamente siembro a voleo la semilla de arroz entre el centeno y la cebada. Después de que los cereales de invierno han sido cosechados y los granos trillados, esparzo la paja de cebada y centeno sobre el campo. Supongo que la utilización de este método para sembrar arroz y cereales de invierno es único para este tipo de cultivos, pero todavía hay un método más fácil. Mientras nos acercamos al próximo campo dejadme señalar que el arroz que allí crece fue sembrado el otoño pasado al mismo tiempo que el cereal de invierno. La siembra de todo el año se finalizó en este campo antes de Nochevieja.

Notarás también que en los campos crecen también trébol blanco y malas hierbas. El trébol se sembró entre el arroz a principios de octubre, poco antes que el centeno y la cebada. No es necesario sembrar las malas hierbas, se siembran ellas mismas bastante fácilmente.

Así, el orden de siembra en este campo es el siguiente:

A principios de octubre se sembró trébol a voleo entre el arroz; los cereales de invierno se sembraron unos días después, a mediados de octubre. A principios de noviembre se cosecha el arroz, y a continuación, se siembra el arroz del próximo año y se esparce la paja sobre el campo. El centeno y la cebada que ves enfrente de ti fueron cultivados de esta forma.

El trabajo necesario para cultivar arroz y cereales en un campo de diez áreas (1.000 m²) pueden hacerlo una o dos personas en cuestión de pocos días. Parece improbable que pueda haber una forma más simple de cultivar cereales. Este método contradice completamente las técnicas de la agricultura moderna. Echa por la ventana tanto el conocimiento científico como el de la agricultura tradicional. Con este tipo de agricultura, que no utiliza maquinaria ni abonos químicos o pesticidas, es posible obtener una cosecha igual o mayor que la explotación media japonesa. La prueba está madurando delante de vuestros ojos.

Nada en absoluto

Recientemente, algunas personas me han estado preguntando por qué comencé a cultivar la tierra de esta forma desde hace tantos años. Hasta ahora nunca he discutido este tema con nadie. Se podría decir que no había nada que comentar sobre ello. Fue simplemente —como podría expresarlo— un shock, un destello, una pequeña experiencia la que constituyó el punto de partida.

Esta intuición cambió completamente mi vida. No es algo que pueda decirse con palabras pero puede ser expresado de una forma semejante a esta: «La humanidad no sabe nada en absoluto, no hay valores intrínsecos en nada, y cada acción es un esfuerzo fútil, sin sentido».

Esto puede parecer descabellado, pero si quiero expresarlo en palabras es la única forma de describirlo. Este «pensamiento» se desarrolló súbitamente en mi cerebro cuando era todavía bastante joven. No sabía si esta intuición de que todo el entendimiento y esfuerzo humanos no son de provecho era válida o no, pero si examinaba estos pensamientos y trataba de desecharlos, no podía encontrar dentro de mí nada para contradecirlos. Solamente la creencia de que esto era cierto ardía en mi interior. Generalmente se piensa que no hay nada más espléndido que la inteligencia humana, que los seres humanos son criaturas de un valor especial y que sus creaciones y conocimientos, tal como se reflejan en la cultura y la historia, son maravillosos. De todas formas esta es la gran creencia común.

Dado que lo que yo estaba pensando era una negación de lo anterior, era incapaz de comunicar mi opinión a nadie. Eventualmente decidí dar forma a mis pensamientos, ponerlos en práctica y así determinar si mis ideas eran verdaderas o falsas. Pasar mi vida trabajando la tierra cultivando arroz y cereales de invierno, este fue el camino que decidí emprender.

¿Y cuál fue la experiencia que cambió mi vida? Hace cuarenta años, cuando yo tenía la edad de veinticinco, trabajaba en el departamento de aduanas de Yokohama en la sección de inspección de plantas. Mi trabajo principal consistía en inspeccionar las plantas que entraban o salían del país para detectar posibles insectos portadores de enfermedades.

Tuve la fortuna de disponer de gran cantidad de tiempo libre, que pasaba en el laboratorio efectuando investigaciones relacionadas con mi especialidad en fitopatología.

Este laboratorio estaba situado cerca del parque Yamate y sobremiraba el puerto de Yokohama desde el acantilado. Directamente en frente del edificio estaba la Escuela Católica, y al Este estaba la Escuela Ferris para muchachas. Era un lugar muy tranquilo, el ambiente perfecto para dedicarse a la investigación.

El investigador del laboratorio de fitopatología era Elichi Kurosawa.

Yo había estudiado fitopatología con Makoto Okera, un profesor de la Escuela Gifu de Agricultura, y había estudiado con Suehiko Igata, del Centro de Experimentación Agrícola de la Prefectura de Okayama.

Fui afortunado en ser alumno del profesor Kurosawa. A pesar de que este era bastante desconocido en el mundo académico, fue el investigador que aisló y propagó en cultivo el hongo que causa la enfermedad «bakanae» en el arroz.

Fue el primero en extraer una hormona de crecimiento para las plantas, la giberelina, del cultivo del hongo. Esta hormona, cuando es absorbida en pequeña cantidad por las jóvenes plantas del arroz, tiene la particularidad de causar que la planta crezca anormalmente alta. Sin embargo, cuando se utiliza en exceso produce la reacción opuesta, ocasionando el retraso en el crecimiento de la planta.

Nadie prestó mucha atención a este descubrimiento en el Japón pero en el extranjero se convirtió en un tema de activa investigación. Poco después un americano utilizó la giberelina para la obtención de la uva sin semilla. Yo consideraba a Kurosawa-san[1] como a mi propio padre y, bajo su dirección, construí un microscopio de disección y me dediqué a la investigación de enfermedades causantes de gomosis en troncos, ramas y frutos de cítricos americanos y japoneses.

Mirando a través del microscopio observé cultivos de hongos, crucé varios de ellos y creé nuevas variedades causantes de enfermedades. Estaba fascinado con mi trabajo. Dado que este requería una concentración profunda sostenida, había veces que caía inconsciente mientras trabajaba en el laboratorio. Esta era también la época de los altos espíritus juveniles, y yo no pasaba todo el tiempo encerrado en el laboratorio de investigación. Vivía en la ciudad portuaria de Yokohama, lugar inmejorable para divertirse y pasar un buen rato. Fue durante este tiempo que ocurrió el siguiente episodio.

Atento y con la cámara en la mano, estaba paseando por el muelle cuando divisé una hermosa mujer. Pensando que sería un buen motivo para una fotografía le pedí que posase para mí. Le ayudé a subir a la cubierta de un barco extranjero y le pedí que mirase en esta o aquella dirección mientras la fotografiaba.

Ella me pidió que le enviase copias de las fotos cuando estuviesen reveladas. Cuando le pregunté dónde debía enviárselas respondió simplemente «A Ofuna, y se fue sin mencionar su nombre. Después de haber revelado el carrete, le enseñé las fotos a un amigo y le pregunté si la reconocía. Este dijo sorprendido: «Es Mieko Takamine, la famosa estrella de cine».

---

1   N. del ed. *San* es un título formal para dirigirse en Japón tanto a hombres como a mujeres.

Inmediatamente le envié a ella, a la ciudad de Ofuna, diez fotografías ampliadas. Antes de que transcurriese mucho tiempo recibí de nuevo las fotos por correo, autografiadas. Sin embargo faltaba una. Pensando sobre ello más adelante me di cuenta de que esta era un perfil que le había tomado de cerca y que probablemente mostraba algunas arrugas en su rostro. Yo estaba encantado y sentí que había cogido un reflejo del alma femenina.

Otras veces, a pesar de ser tosco y desmañado frecuentaba una sala de baile en el área de Nankingai. Una vez vi allí a la popular cantante Noriko Awaya y le pedí un baile. Nunca podré olvidar lo que sentí durante este baile, porque estaba tan desbordado por su enorme cuerpo que incluso no podía poner mi brazo alrededor de su cintura.

En cualquier caso yo era un hombre muy ocupado y afortunado, transcurriendo mis días admirando el mundo de la naturaleza revelado a través del ocular de mi microscopio, impresionado entre la similitud entre este diminuto mundo y el gran mundo del universo infinito. Por las noches, acompañado o solo, salía a divertirme.

Creo que fue este tipo de vida sin sentido, junto con la fatiga del exceso de trabajo, lo que finalmente condujo a mis desmayos en el laboratorio de investigación. La consecuencia de todo ello fue que contraje una pulmonía aguda y fui colocado en la habitación de tratamiento de neumotórax en el último piso del hospital de la policía.

Era invierno y, a través de un cristal roto, el viento introducía remolinos de nieve alrededor de la habitación. Se estaba caliente debajo de las mantas, pero mi cara parecía de hielo. La enfermera me tomaba la temperatura y desaparecía al instante.

Como era una habitación privada, la gente raramente entraba. Sentí como si hubiese sido colocado en el severo frío del exterior, y de repente me sumergí en un mundo de abandono y soledad. Me encontré de cara a cara con el temor a la muerte. Cuando ahora pienso en ello, parece un temor sin sentido, pero en aquel tiempo lo tomé seriamente.

Fui finalmente dado de alta en el hospital pero no podía salir de mi depresión. Hasta entonces ¿en qué había depositado mi confianza? Había vivido despreocupado y satisfecho pero ¿cuál era la naturaleza de mi complacencia? Estaba en una crisis profunda sobre la naturaleza de la vida y la muerte.

No podía dormir ni concentrarme en el trabajo. Tampoco podía encontrar alivio en las caminatas nocturnas por la colina y el puerto. Una noche, mientras caminaba por una colina que dominaba el puerto me desplomé exhausto y somnoliento contra el tronco de un gran árbol. Permanecí allí, ni dormido ni despierto, hasta el amanecer. Todavía puedo recordar que era la mañana del 15 de mayo.

Deslumbrado, contemplé el amanecer sobre el puerto pero de alguna forma sin verlo. A medida que la brisa subía hacia la cumbre de la colina, la niebla matinal desapareció de repente. Justo en ese momento apareció una garza nocturna, dio un fuerte graznido y desapareció perdiéndose en la distancia. Podía oír su aleteo. En un instante desaparecieron todas mis dudas y la niebla sombría de mi confusión.

Todo aquello que había mantenido con firme convicción, todo en lo que ordinariamente había confiado fue barrido por el viento. Noté que solamente entendía una cosa. Sin ser consciente de ello, estas palabras salieron de mis labios: «En este mundo no hay nada en absoluto...». Sentí que no comprendía nada.[2]

Pude ver que todos los conceptos sobre los que me había apoyado, incluso el de la misma noción de existencia, eran fabricaciones vacías. Mi espíritu se aligeró e iluminó. Estaba bailando locamente de alegría. Podía oír el piar de los pequeños pájaros en los árboles y ver resplandecer a las distantes olas bajo el sol del amanecer. Las hojas bailaban verdes, centelleantes. Sentí que esto era el verdadero paraíso sobre la tierra. Todo lo que me había poseído, todas las agonías, desaparecieron como sueños e ilusiones y algo que se podría denominar «la verdadera naturaleza» se reveló ante mí.

Creo que podría decirse, sin error, que a partir de la experiencia de aquella mañana cambió completamente mi vida. A pesar del cambio, seguí siendo en el fondo un hombre común y corriente y no ha habido cambios de este estado desde entonces hasta el tiempo actual. Visto desde el exterior, no hay persona más vulgar que yo, y no ha habido nada extraordinario en mi vida diaria.

Pero la seguridad de que sabía esto no ha cambiado desde entonces. He pasado treinta, cuarenta años, comprobando si me había equivocado o no, reflexionando cuando continuaba hacia adelante, pero ni una vez he encontrado evidencia que se opusiera a mi convicción.

---

2   N. del ed. «No comprender nada» en este sentido es reconocer la insuficiencia del conocimiento intelectual.

Que esta realización en sí misma tiene gran valor no significa que haya ligado en mí ningún valor especial. Sigo siendo un hombre simple, justamente un viejo zorro, para decirlo de alguna manera. Al observador casual le puedo parecer humilde o arrogante.

Les repito una y otra vez a los jóvenes que trabajan conmigo que no traten de imitarme, y realmente me enfado si hay alguien que no se toma este consejo en serio. Pido, en cambio, que vivan simplemente en la naturaleza y se esfuercen en su trabajo cotidiano. No, no hay nada especial en mí, pero lo que he vislumbrado es de gran importancia.

Regresando al campo

El día siguiente a esta experiencia, el 16 de mayo, fui a mi lugar de trabajo y presenté mi dimisión irrevocable. Mis jefes y amigos estaban sorprendidos. No sabían cómo tomarlo. Organizaron para mí una fiesta de despedida en el muelle pero el ambiente era un poco peculiar. Este joven hombre, que hasta el día anterior se había llevado bien con todo el mundo, que no parecía particularmente insatisfecho de su trabajo, quien, por el contrario, se había dedicado de todo corazón a sus investigaciones, había anunciado de repente que se iba. Y allí estaba yo riendo alegremente.

En aquel tiempo hablaba a todos de la siguiente forma: «A este lado está el muelle, en el otro el malecón número 4. Si piensas que hay vida en este lado entonces la muerte está en el otro. Si quieres librarte de la idea de la muerte, entonces debes librarte de la noción de que hay vida en el otro lado. La vida y la muerte son una misma cosa».

Cuando decía esto, todos se preocupaban todavía más de mí: ¿Qué está diciendo? Debe de estar loco, debían de haber pensado. Todos me vieron partir con tristeza. Yo fui el único que salió alegremente, de buen humor. Durante esta época mi compañero de habitación estaba muy preocupado por mí y sugirió que me tomara un tranquilo descanso, tal vez en la Península de Boso. Así que partí.

Hubiese ido a cualquier lugar si alguien me lo hubiese pedido. Subí al autocar y viajé a lo largo de muchos kilómetros, observando el mosaico de campos y pequeñas aldeas repartidas a lo largo de la carretera. En una parada vi una pequeña señal que rezaba: «Utopía». Allí bajé del autocar y emprendí la marcha en su busca. En la costa había un pequeño albergue, y escalando un acantilado encontré un lugar con una vista realmente maravillosa. Permanecí en el albergue y pasé los días ociosos entre las altas hierbas de las praderas que sobremiraban el mar. Pueden haber sido unos cuantos días, una semana o un mes, pero de todas maneras permanecí allí por algún tiempo. A medida que los días pasaban se iba apagando mi alegría, y empecé a reflexionar sobre lo que había ocurrido. Se podría decir que de nuevo estaba volviendo a ser yo mismo.

Fui a Tokio y permanecí allí una temporada pasando los días caminando por el parque, parando a la gente en la calle y hablando con ella, durmiendo aquí y allá. Mi amigo estaba preocupado y vino a ver cómo me las estaba arreglando. «¿No estás viviendo en un mundo imaginario, en un mundo de ilusión?», me preguntó. «No», le respondí. «eres tú el que está viviendo en un mundo imaginario».

Ambos pensábamos: «Yo estoy bien y tú vives en un mundo irreal». Cuando mi amigo se despedía yo le contesté algo parecido a «no digas adiós, partir es justamente partir». Mi amigo parecía haber perdido toda esperanza.

Abandoné Tokio, viajé a través del área de Kansai y llegué tan lejos como Kvushu. Me estaba divirtiendo deslizándome de un lugar a otro con la brisa. Reté a mucha gente con mi convicción de que nada tiene sentido ni valor, que todo regresa a la nada. Pero esto era demasiado o demasiado poco para que el mundo de cada día lo comprendiese. No había ninguna posibilidad de comunicación. Yo solamente podía pensar en este concepto de la no-utilidad como algo de gran beneficio para la humanidad, particularmente a la humanidad actual, que se mueve tan rápidamente en dirección opuesta. Entonces viajaba con la intención de llevar la palabra por todo el país. El resultado fue que a cualquier sitio que iba era tomado por un excéntrico. Así que regresé a la explotación de mi padre en el campo.

Mi padre cultivaba mandarinos y yo me instalé en una cabaña en la montaña y empecé a vivir una vida muy simple y primitiva. Pensé que si aquí, como cultivador de mandarinas y cereales, podía realmente demostrar mis pensamientos, el mundo los reconocería como ciertos. En vez de ofrecer cientos de explicaciones ¿no sería el mejor método poner en práctica esta filosofía? Mi método del «no-hacer» para cultivar la tierra comenzó con este pensamiento. Era el decimotercer año del reino del presente emperador, 1930.

Me instalé en la montaña y todo fue bien hasta el momento en que mi padre me confió los árboles de fruta del vergel. Él había podado previamente los árboles dándoles la forma de «vasos de sake» para que el fruto pudiese ser recolectado con facilidad. Cuando los dejé abandonados en este estado el resultado fue que las ramas se entrecruzaron, los insectos atacaron los árboles y la totalidad del vergel se secó en poco tiempo.

Mi convicción era la de que los vegetales crecen por sí mismos y no deberían ser cultivados. Había actuado en la creencia de que todo debía ser abandonado a su curso natural, pero encontré que si se aplicaba repentinamente esta forma de pensar, antes de que transcurra mucho tiempo las cosas no irán bien. Esto es abandono, no «agricultura natural».

Mi padre estaba conmocionado. Me dijo que debía redisciplinarme, tal vez buscar trabajo en algún lugar y regresar cuando me hubiese encontrado a mí mismo.

En aquel tiempo mi padre era el alcalde de la aldea. Y era difícil para los otros miembros de la comunidad relacionarse con su excéntrico hijo, quien obviamente no podía llevarse bien con el mundo, viviendo como lo hacía en la montaña. Por otra parte me disgustaba la perspectiva del servicio militar, y dado que la guerra se hacía cada vez más violenta, decidí seguir humildemente los deseos de mi padre y encontrar un trabajo.

Durante esta época eran escasos los especialistas técnicos. La Estación de Investigación de la Prefectura de Kochi había oído hablar de mí y ocurrió que me ofrecieron el puesto de Investigador Jefe de Control de Insectos y Enfermedades. En el centro de investigación me convertí en un supervisor del departamento de agricultura científica, y a través de la investigación me dediqué a incrementar la producción de alimentos durante el periodo de guerra. Pero en realidad durante ocho años estuve ponderando la relación entre agricultura científica y natural.

La agricultura química, que utiliza los productos de la inteligencia humana, está reputada como superior. La pregunta que siempre estaba en mi mente era si la agricultura natural se podía enfrentar a la ciencia moderna. Cuando terminó la guerra sentí la fresca brisa de la libertad y con un sentimiento de descanso regresé a mi aldea materna para convertirme de nuevo en agricultor.

Hacia una agricultura del no hacer

Durante treinta años no abandoné mi explotación y tuve poco contacto con gente de fuera de mi propia comunidad. Durante estos años estuve dirigiéndome en línea recta hacia el método agrícola del «no-hacer».

La manera usual de ir desarrollando un método es preguntarse: «¿Qué tal si hiciese esto?» o «¿Qué tal si probase aquello?», introduciendo una variedad de técnicas una sobre la otra. Esto es la agricultura moderna y con ello sólo se consigue ocupar más al agricultor. Mi método se desarrolló en dirección opuesta. Yo estaba apuntando hacia un método de hacer la agricultura agradable, natural, que condujese a hacer el trabajo más fácil en vez de más pesado.

¿Qué tal si no se hace esto? ¿Qué tal si no se hace aquello? —esta era mi manera de pensar—. Finalmente llegué a la conclusión de que no había necesidad de arar, ni de aplicar abono, ni de hacer compost ni de utilizar pesticidas. Cuando se profundiza en ello, pocas prácticas agrícolas son realmente necesarias.

La razón de que las técnicas mejoradas por el hombre parecen necesarias, es que el equilibrio natural ha sido alterado tan gravemente de antemano por estas mismas técnicas que la tierra se ha hecho dependiente de ellas. Esta línea de razonamiento no solamente se aplica a la agricultura, sino también a otros aspectos de la sociedad humana. Los médicos y las medicinas se vuelven necesarios cuando la gente crea un ambiente enfermizo. La escolarización formal no tiene valor intrínseco, pero se convierte en necesaria cuando la humanidad crea unas condiciones en las cuales «uno debe tener educación» para salir adelante.

Antes del final de la guerra, cuando fui al vergel de cítricos a poner en práctica lo que antes pensé que era agricultura natural, no podé los árboles y abandoné el vergel a su suerte. Las ramas se cruzaron, los árboles fueron atacados por los insectos y cerca de 0,8 ha de mandarinos se secaron y murieron. A partir de entonces la pregunta: «¿Cuál es el modelo natural?» estuvo siempre en mi mente. En el proceso de llegar a la respuesta acabé con otros 400 árboles. Finalmente sentí que podía decir con certeza: «Este es el método natural». En la medida en que los árboles se desvían de su forma natural, son necesarias la poda y la exterminación de los insectos. En la medida en que la sociedad humana se separa a sí misma de una vida próxima a la naturaleza, la instrucción escolar se hace necesaria. En la naturaleza, la instrucción formal no tiene sentido.

En la cría de sus hijos muchos padres cometen el mismo error que yo cometí al comienzo en el vergel. Por ejemplo, la enseñanza de la música a los niños es tan innecesaria como podar árboles frutales. El oído de un niño percibe la música. El murmullo de un arroyo, el sonido del croar de las ranas a la orilla del río, el susurro de las hojas en el bosque, todos estos sonidos naturales son música. Pero cuando una variedad de sonidos molestos penetra y confunde el oído, la apreciación pura y directa del niño degenera. Si se le deja que continúe este camino, el niño será incapaz de sentir la llamada de un pájaro o el sonido del viento como canciones. Esto es por lo que se cree que la instrucción musical es beneficiosa para el desarrollo del niño.

El niño que es criado con un oído puro puede no ser capaz de tocar las baladas populares con el violín o el piano, pero no creo que esto tenga nada que ver con la habilidad de oír la verdadera música o cantar. Es cuando el niño tiene el corazón lleno de música que puede decirse que está dotado musicalmente. Casi todo el mundo cree que lo «natural» es algo bueno: pero pocos pueden comprender la diferencia entre natural y no natural.

Si una sola yema de un árbol frutal es cortada con unas tijeras esto puede provocar un desequilibrio que no podrá ser corregido. Cuando las ramas crecen de acuerdo con su forma natural, se extienden alternativamente alrededor del tronco y las hojas reciben uniformemente la luz solar. Si se rompe la secuencia las ramas entran en conflicto, se ponen unas encima de otras, se enredan, las hojas se marchitan en los lugares en los que el sol no puede penetrar. Esto da origen a que los insectos causen daños. Si el árbol no se poda el año siguiente todavía aparecerán más ramas secas.

Los seres humanos con su entrometimiento hacen algo equivocado, dejan el daño sin remediar, y cuando se acumulan los resultados adversos trabajan con toda su alma para corregirlos. Cuando las acciones correctivas parecen tener éxito, entonces consideran estas medidas como espléndidos logros. La gente hace esto una y otra vez. Es como si un loco saltase sobre su tejado a reparar el daño, alegrándose al final por haber conseguido un remedio milagroso.

Pasa lo mismo con el científico. Lee libros día y noche, forzando sus ojos y convirtiéndose en miope; si te preguntas en qué ha estado trabajando todo el tiempo ves que era para convertirse en inventor de las lentes correctoras de la miopía.

Regresando a la fuente

Apoyándome en el largo mango de mi guadaña, detengo mi trabajo en el vergel y observo las montañas y la ladera a mis pies. Me pregunto cómo es que la filosofía de la gente ha comenzado a cambiar más rápidamente que las estaciones. El camino que he seguido, este sistema de agricultura natural, que choca a la mayoría de la gente como extraño, fue primero interpretado como una reacción contra el adelanto y el precipitado desarrollo de la ciencia.

Pero todo lo que he estado haciendo, mientras trabajaba aquí la tierra, es tratar de demostrar que la humanidad no sabe nada. Porque el mundo se está moviendo con tan furiosa energía en la dirección opuesta que puede parecer que yo he regresado a los tiempos primitivos, pero creo firmemente que el camino que he estado siguiendo es el más sensato.

Durante los últimos años ha crecido considerablemente el número de gente interesada en la agricultura natural. Parece que se ha alcanzado el límite del desarrollo científico, han comenzado a sentirse dudas y ha llegado el tiempo de la reevaluación. Lo que se consideraba primitivo y atrasado inesperadamente, se ve ahora muy avanzado ante la ciencia moderna. Esto puede parecer extraño al comienzo, pero yo no lo encuentro extraño en absoluto.

Recientemente he discutido este tema con el profesor Linuma, de la Universidad de Kioto. Hace mil años se practicaba en el Japón la agricultura sin arar la tierra, y no fue hasta la Era Tokugawa, hace 300-400 años, que se introdujo el laboreo superficial.

El laboreo profundo llegó al Japón con la agricultura occidental. Yo le dije que para resolver los problemas del futuro, la próxima generación volvería a la agricultura sin laboreo. Cultivar un campo sin labrarlo puede parecer al comienzo como un regreso a la agricultura primitiva, pero a lo largo de los años este método ha demostrado, en laboratorios de universidades y en centros de experimentación agrícola a través del país, ser el más simple, eficiente y actual de todos los métodos.

A pesar de que este sistema de cultivar la tierra rechaza la ciencia moderna, ahora se ha colocado al frente del moderno desarrollo agrícola. Yo presento esta «siembra directa sin laboreo y sucesión de cereal de invierno y arroz» en revistas agrícolas desde hace veinte años. Desde entonces apareció a menudo en publicaciones y fue presentado al ciudadano corriente muchas veces en programas de radio y televisión, pero nadie le prestó mucha atención.

Ahora de repente es una historia completamente diferente. Se podría decir que la agricultura natural se ha puesto de moda. Periodistas, profesores e investigadores vienen en manadas a visitar mis campos y las cabañas de la montaña. Gente diferente lo ve desde puntos de vista diferentes, hace sus propias interpretaciones, y entonces se van.

Unos ven este tipo de agricultura como primitiva, otros como subdesarrollada, algún otro la considera el pináculo de los logros agrícolas, un cuarto la saluda como el descubrimiento del futuro. En general la gente solo está interesada en saber si este tipo de agricultura es un adelanto hacia el futuro o un restablecimiento de los tiempos pasados. Pocos son capaces de comprender que la agricultura natural surge del centro inmóvil e incambiable del desarrollo agrícola.

En la medida en que la gente se separa de la naturaleza, gira más y más lejos de este centro. Al mismo tiempo se manifiesta un efecto centrípeto y se origina un deseo de retornar a la naturaleza.

Pero si la gente meramente queda atrapada en la reacción, moviéndose a derecha e izquierda dependiendo de las condiciones, el resultado es que solamente se desarrolla mayor actividad. El inmóvil punto de origen, que está fuera del reino de la relatividad, es pasado por alto, inadvertido. Yo creo que incluso actividades como el «regreso a la naturaleza» o «la lucha contra la contaminación» no importa cuán loables sean, no están moviéndose hacia una verdadera solución, y se llevan a cabo solamente como reacción al sobredesarrollo originado por la época actual.

La naturaleza no cambia, pero sin embargo invariablemente cambia con el tiempo la forma de mirarla. No importa la época, la agricultura natural existe desde siempre como fuente de la agricultura.

Una razón por la que la agricultura natural no se ha extendido

A lo largo de los últimos veinte o treinta años, este método de cultivar arroz y cereal de invierno ha sido ensayado en una amplia gama de climas y condiciones naturales. Casi cada prefectura en el Japón ha realizado ensayos comparando los rendimientos de la «siembra directa sin laboreo» con aquellos del cultivo actual del arroz en arrozales inundados y la forma usual de cultivar la cebada y el centeno en lomos y surcos. Estos ensayos no han encontrado evidencias que contradigan la aplicación universal de la agricultura natural. Uno puede preguntarse por qué esta verdad no se ha divulgado.

Yo creo que una de las razones es que el mundo se ha especializado tanto que se ha convertido en imposible para la gente comprender nada en su totalidad. Por ejemplo, un experto en prevención de daños por insectos del Centro de Ensayos de la Prefectura de Kochi vino a inquirir por qué había tan pocas cicadelas[3] del arroz en mis campos a pesar de que no había usado insecticidas.

---

3   N. del ed. Es un pequeño insecto de color amarillo verdoso, estrecho y alargado

Después de investigar el hábitat, el balance entre los insectos y sus enemigos naturales, la velocidad de propagación de las arañas, etcétera, se encontró que las cicadelas eran tan escasas en mis campos como en los del Centro, que habían sido rociados innumerables veces con una gran variedad de productos químicos mortíferos. También se sorprendió el profesor de encontrar que mientras eran escasos los insectos dañinos, sus depredadores eran más numerosos en mis campos que en los campos tratados con pesticidas. Entonces se le iluminó la mente y vio que los campos se mantenían en este estado por medio de un balance natural establecido entre las varias comunidades de insectos. Él reconoció que si mi método se adoptase globalmente, podría resolverse el problema de la devastación de las cosechas por las cicadelas. A continuación se metió en su coche y regresó a Kochi.

Pero si te preguntas si los especialistas en fertilidad del suelo o en cultivos han venido aquí, la respuesta es que no. Y si tú sugieres en una conferencia que este método, o más bien no-método, sea ensayado a gran escala, mi impresión es que la Prefectura o el Centro de Investigación responderán: «Lo sentimos, es demasiado pronto para esto. Debemos primero llevar a cabo investigaciones sobre cada posible aspecto antes de dar nuestra aprobación final». Pasarían muchos años antes de que se llegase a una conclusión. Esto es lo que está ocurriendo continuamente. Especialistas y técnicos de todo Japón han venido a mi explotación. Observando los campos desde el punto de vista de su especialidad, cada uno de

---

que vive en el envés de las hojas picándolas y chupando su jugo.

estos investigadores los han encontrado satisfactorios cuando no extraordinarios.

Pero en los cinco o seis años transcurridos desde que el profesor del centro de investigación de Kochi vino a visitar este lugar ha habido pocos cambios en su prefectura. Este año el departamento agrícola de la Universidad de Kinki ha establecido un proyecto de agricultura natural por el que estudiantes de diferentes departamentos vendrán aquí a desarrollar sus investigaciones. Este acercamiento puede ser un paso hacia adelante, pero tengo la impresión de que el próximo movimiento serán dos pasos en la posición opuesta.

Los expertos, a menudo cortados con el mismo patrón, comentan:

«La idea básica del método está bien ¿pero no sería más conveniente cosechar con máquinas?» o «no sería mayor la producción si usase abonos o pesticidas en ciertos casos o en ciertas épocas?».

Siempre hay aquellos que tratan de mezclar la agricultura natural y la científica. Pero esta forma de pensar pierde el objetivo completamente. El agricultor que se mueve hacia el compromiso no puede criticar por más tiempo a la ciencia en su nivel fundamental. La agricultura natural es tranquila y fácil, e indica un retorno a la fuente de la agricultura. Un solo paso lejos de la fuente únicamente puede apartarse del camino.

La humanidad
no conoce la naturaleza

Últimamente he estado pensando en que debe alcanzarse un punto en que científicos, políticos, artistas, filósofos, hombres de religión y todos aquellos que trabajan en los campos deberían reunirse aquí, contemplar estos campos y discutir juntos lo que ven. Yo creo que esto es lo que debería ocurrir si la gente viese más allá de sus especialidades. Los científicos creen que pueden entender la naturaleza. Esta es la posición que toman. Porque están convencidos de que pueden entender la naturaleza, están destinados a investigarla y a hacerla utilizable. Pero yo creo que el entendimiento de la naturaleza escapa a la inteligencia humana.

A menudo digo a la gente joven de las cabañas de la montaña que vienen aquí a ayudar y a aprender agricultura natural, que cualquiera puede ver los árboles de la montaña. Ellos pueden ver el verdor de las hojas y el de las plantas de arroz. Creen que saben lo que es el verde. En contacto con la naturaleza día y noche, llegan a veces a pensar que la conocen. Pero cuando piensan que están empezando a entender la naturaleza, pueden estar seguros de que están en el camino equivocado. ¿Por qué es imposible conocer la naturaleza? Lo que se concibe como naturaleza es solamente la idea de la naturaleza surgiendo de la mente de cada uno de nosotros. Aquellos que ven la verdadera naturaleza son los niños. La ven sin pensar directa y claramente. Incluso cuando se conocen los nombres de las plantas no se ve la naturaleza en su forma verdadera.

Un objeto visto aisladamente de la totalidad no es una cosa real. Cuando especialistas en varias materias se reúnen y observan un tallo de arroz, el especialista en fitopatología solo ve los daños causados por los insectos, y el especialista en nutrición vegetal solamente ve el vigor de la planta. Esto es inevitable tal y como están las cosas ahora. Como ejemplo, le dije al profesor del centro de investigaciones de Kochi cuando estaba investigando la relación entre las cicadelas de arroz y las arañas en mis campos:

«Profesor, ya que está investigando sobre las arañas, solamente está interesado en uno de los muchos depredadores naturales de las cicadelas. Este año aparecieron arañas en grandes cantidades pero el año pasado fueron sapos. Antes de esto fueron las ranas las que predominaron. Hay innumerables variaciones».

Es imposible para la investigación especializada comprender la función de un solo depredador en un cierto momento dentro de la complejidad de las relaciones entre los insectos. Hay estaciones en las que la población de las cicadelas es baja porque hay muchas arañas. Hay veces que llueve mucho y las ranas ocasionan la desaparición de las arañas, o veces en que llueve muy poco y no aparecen ni cicadelas ni ranas.

Los métodos de control de insectos que ignoran las relaciones entre los mismos insectos son verdaderamente inútiles. La investigación entre arañas y cicadelas debe también considerar la relación entre ranas y arañas. Cuando las cosas han alcanzado este punto hará falta un experto en ranas. También tendrán que unirse al grupo de expertos en arañas y cicadelas otro en arroz, y otro experto en utilización de agua.

Más aún, hay cuatro o cinco clases diferentes de arañas en estos campos. Recuerdo hace años cuando alguien vino corriendo a casa temprano por la mañana para preguntarme si había cubierto mis campos con una red de seda o algo parecido. No podía imaginarme de lo que estaba hablando, así que apresuradamente salí de casa a ver lo que pasaba. Habíamos acabado de cosechar el arroz y, durante la noche, el rastrojo y las hierbas bajas habían sido completamente cubiertos con telas de araña como si fuese con seda. Ondeando y centelleando bajo la neblina matinal, constituían una magnífica visión.

Lo maravilloso de esto es que cuando ocurre, solamente una vez cada muchos años, dura nada más que un día o dos. Si observas atentamente, ves que hay varias arañas en cada pulgada cuadrada. Hay tantas en el campo que casi no hay espacio entre ellas. ¡En diez áreas cuántos miles, cuántos millones deben haber!

Cuando vas a ver el campo dos o tres días más tarde, se observa que filamentos de telarañas de varias yardas de longitud se han roto y están ondeando en el viento con cinco o seis arañas adheridas a cada uno de ellos. Es como cuando las semillas vellosas del diente de león son transportadas por el viento. Las jóvenes arañas se adhieren a los filamentos y son enviadas navegando hacia el cielo. El espectáculo es un asombroso drama natural. Viendo esto entiendes que los poetas y artistas tendrían que unirse al grupo.

Cuando se esparcen productos químicos sobre el campo todo esto se destruye en un instante. Yo una vez pensé que no había nada malo en esparcir ceniza de madera en los campos. El resultado fue consternante. Dos o tres días más tarde el campo estaba completamente desprovisto de arañas. Las cenizas habían causado la desintegración de los filamentos de las telarañas. ¿Cuántos miles de arañas perecieron víctimas de un simple puñado de esta aparentemente inocua ceniza? Aplicar un insecticida no es simplemente cuestión de eliminar a las cicadelas junto con sus depredadores naturales. También se afecta a otros muchos dramas esenciales de la naturaleza. El fenómeno de estos grandes enjambres de arañas, que aparecen en los campos de arroz durante el otoño y que como artistas escapistas desaparecen en una noche, no se comprende todavía. Nadie sabe de dónde vienen, cómo sobreviven al invierno, o a dónde van cuando desaparecen.

Así que la utilización de productos químicos no es únicamente una cuestión que deban resolver los entomólogos. Filósofos, religiosos, artistas y poetas deben también ayudar a decidir si es permisible o no el uso de productos químicos en la agricultura y cuáles pueden ser las consecuencias incluso de la utilización de abonos orgánicos.

Nosotros cosechamos cerca de 5.800 kg de arroz y 5.800 kg de cereal de invierno por hectárea en estos campos. Si la cosecha alcanza los 7.800 kg/ha como ocurre algunas veces, puede que no sea posible encontrar una cosecha mejor en todo el país. Dado que la tecnología avanzada no ha tenido nada que ver con el cultivo de este grano esto se presenta como una contradicción ante las presunciones de la ciencia moderna. Cualquiera que viniera y viese estos campos y aceptase su testimonio, sentiría profundas dudas sobre la pregunta de si los hombres conocen o no a la naturaleza, y de si la naturaleza puede o no ser conocida dentro de los confines del entendimiento humano.

La ironía es que la ciencia ha servido solamente para mostrar cuán pequeño es el conocimiento humano.

II

LOS CUATRO PRINCIPIOS DE LA AGRICULTURA NATURAL

Pasa cuidadosamente a través de estos campos. Libélulas y mariposas nocturnas salen volando confundidas. Las abejas pasan volando de flor en flor. Aparta las hojas y verás insectos, arañas, ranas, lagartijas y muchos otros pequeños animales bullir entre la fresca sombra. Este es un ecosistema «campo de arroz» equilibrado. Comunidades de insectos y plantas mantienen aquí una relación estable. No es raro que una enfermedad de las plantas destruya los cultivos de esta región no afectando a los de estos campos. Y ahora mira al campo del vecino por un momento. Las malas hierbas han sido exterminadas mediante herbicidas y laboreo. Los animales del suelo y los insectos han sido exterminados con venenos.

El suelo ha sido desposeído de materia orgánica y microorganismos por la utilización de abonos químicos. Durante el verano ves a los agricultores trabajando en los campos, llevando máscaras antigás y largos guantes de goma. Estos campos de arroz que han sido cultivados sin interrupción durante 1.500 años, han sido ahora arruinados por las prácticas agrícolas explotadoras de una sola generación.

Los cuatro principios

El primero es NO LABOREO, esto es, no arar ni voltear el suelo.

Durante siglos, los agricultores han supuesto que el arado es esencial para cultivar las plantas. Sin embargo, el no laboreo es fundamental para la agricultura natural. La tierra se cultiva a sí misma naturalmente mediante la penetración de las raíces de las plantas y la actividad de los microorganismos, pequeños animales y lombrices de tierra.

El segundo es NO UTILIZAR ABONOS QUÍMICOS NI COMPOST PREPARADO.[4]

La gente interfiere en la naturaleza y, por mucho que lo intentan, no pueden curar las heridas que causan. Sus descuidadas prácticas agrícolas drenan el suelo

---

4   N. del ed. Como abono el Sr. Fukuoka cultiva una cubierta vegetal de trébol blanco, devuelve toda la paja a los campos y añade un poco de gallinaza.

de nutrientes esenciales, resultando una disminución anual en la tierra.

Si se deja a sí mismo, el suelo mantiene su fertilidad naturalmente, de acuerdo con el ciclo ordenado de la vida vegetal y animal.

El tercero es NO DESHERBAJE MEDIANTE CULTIVO O HERBICIDAS.

Las malas hierbas juegan su papel en construir la fertilidad del suelo y en equilibrar la comunidad biológica. Como principio fundamental, las malas hierbas deben ser controladas, no eliminadas.

Acolchado con paja, cobertura del suelo con trébol blanco asociado a los cultivos e inundación temporal proveen un control efectivo de las malas hierbas en mis campos.

El cuarto es NO DEPENDENCIA DE LOS PRODUCTOS QUÍMICOS.

A partir del momento en que las plantas se desarrollan débiles como resultado de estas prácticas innaturales como el laboreo y el abonado, las enfermedades y las plagas se convierten en un gran problema en agricultura.

La naturaleza, dejada sola, está en perfecto equilibrio. Los insectos dañinos y las enfermedades de las plantas están siempre presentes, pero no proliferan en la naturaleza en el grado de necesitar el uso de venenos químicos. La aproximación sensata al control de plagas y enfermedades consiste en cultivar plantas vigorosas en un ambiente equilibrado.

Laboreo

Cuando se labra el suelo, el ambiente natural se altera hasta hacerlo irreconocible. Las repercusiones de este tipo de acciones han causado pesadillas al agricultor a lo largo de innumerables generaciones.

Por ejemplo, cuando un área natural es sometida por el arado, algunas malas hierbas muy vigorosas suelen dominar la vegetación. Cuando estas malas hierbas se establecen el agricultor se encuentra ante la tarea casi imposible de desherbar cada año. Muy a menudo, la tierra es abandonada. Para resolver problemas de este tipo, el único acercamiento posible es acabar en primer lugar con las prácticas antinaturales que han originado esta situación. El agricultor también tiene la obligación de reparar el daño que ha causado. Debe cesar el laboreo del suelo.

Si se practican métodos como cubrir el suelo con paja y sembrar trébol como cobertura en vez de utilizar maquinaria y productos químicos creados por el hombre para emprender una guerra de aniquilación, entonces el medio volverá a su equilibrio natural e incluso las malas hierbas problemáticas podrán ser controladas.

Abonado

Se me conoce por haber preguntado, hablando con expertos en fertilidad del suelo: «Si un campo se abandona a sí mismo ¿aumentará o disminuirá la fertilidad del suelo?».

Los expertos generalmente se lo piensan un rato y responden algo como: «Bien, veamos, disminuirá». No, pues recuerdo que si se cultiva arroz durante un largo periodo de tiempo en el mismo campo sin abonarlo la cosecha se estabiliza alrededor de los 2.400 kg/ha. La tierra ni se enriquecerá ni se agotará. Estos especialistas se refieren a un campo de arroz cultivado mediante laboreo e inundación. Si la naturaleza se abandona a sí misma, la fertilidad aumenta. Los restos orgánicos de plantas y animales se acumulan y son descompuestos en la superficie del suelo por bacterias y hongos.

Con la infiltración del agua de lluvia, estos nutrientes son llevados al interior del suelo para convertirse en el alimento de los microorganismos, lombrices y otros pequeños animales. Las raíces de las plantas alcanzan los estratos más profundos del suelo y devuelven los nutrientes a la superficie.

Si quieres hacerte una idea de la fertilidad natural de la tierra, pasea alguna vez por la montaña y observa los árboles gigantes que crecen sin abonos ni laboreo. La fertilidad de la naturaleza tal como es está más allá del alcance de la imaginación. Si talamos la cubierta natural del bosque y plantamos pinos rojos japoneses o cedros durante unas cuantas generaciones el suelo se agotará y quedará expuesto a la erosión.

Por otro lado, tomemos una montaña pelada con suelo pobre de arcilla roja y plantemos pinos o cedros con una cobertura del suelo a base de trébol o alfalfa. A medida que el abono verde enriquece y esponja el suelo, las plantas vivaces y los arbustos crecen debajo de los árboles, y comienza un rico ciclo de regeneración. Hay ocasiones en que se han formado diez centímetros superficiales de suelo en menos de diez años.

Para el cultivo de plantas agrícolas, también puede abandonarse el uso de abonos comerciales. En su mayor parte será suficiente una cobertura permanente de abono verde y la devolución de toda la paja y granzas del grano al suelo.

Para proveer estiércol animal y así ayudar a descomponer la paja, yo solía dejar patos sueltos en los campos. Si se introducen cuando son polluelos, mientras las plantas son todavía jóvenes los patos crecerán juntos con el arroz. Entonces los patos suministrarán todo el estiércol necesario y también ayudarán a controlar las malas hierbas.

Yo hice esto durante muchos años, hasta que la construcción de una autopista nacional impidió que los patos cruzasen la carretera y regresasen al cultivo. Ahora utilizo un poco de gallinaza para ayudar a descomponer la paja. En otras áreas, los patos u otros animales pequeños de pastoreo son todavía una posibilidad práctica. Añadir demasiado abono también puede ocasionar problemas. Un año, justo después de ser trasplantado el arroz, arrendé 0,5 ha de campos recién plantados por un periodo de un año. Desagüé toda el agua de los campos y los cultivé sin abonos químicos aplicando solamente una pequeña cantidad de gallinaza.

Cuatro de las parcelas se desarrollaron normalmente. Pero en la quinta, no importa lo que hiciera, las plantas de arroz crecieron demasiado apretadas y fueron atacadas por la enfermedad del añublo. Cuando le pregunté al dueño sobre esta parcela, me respondió que la había usado durante el invierno como vertedero de gallinaza. Utilizando paja, abono verde y un poco de gallinaza, se pueden obtener producciones elevadas sin tener que añadir en absoluto compost o abonos comerciales.

Desde hace varias décadas, he estado siguiendo el método de laboreo y fertilización de la naturaleza. Y mientras lo seguía he estado consiguiendo cosechas récord de hortalizas, cítricos, arroz y cereales de invierno como un regalo, por decirlo de alguna manera, de la fertilidad natural de la tierra.

Manteniendo a raya las malas hierbas

He aquí algunos puntos clave que se deben recordar al tratar con malas hierbas. Tan pronto como se abandona el laboreo, el número de malas hierbas decrece rápidamente. También, en un determinado campo cambiarán las variedades de malas hierbas. Si se siembran las semillas del próximo cultivo mientras el cultivo precedente está madurando en los campos, estas semillas germinarán antes que las malas hierbas.

Las malas hierbas de invierno brotan solamente después de que el arroz ha sido cosechado, pero para entonces el cereal de invierno ya ha tomado la delantera. Las malas hierbas de verano germinan justo después de la cosecha de cebada y centeno, pero para entonces el arroz ya está creciendo vigorosamente. Programando la siembra de tal manera que no haya intervalos entre cultivos sucesivos, se da al cereal una gran ventaja sobre las malas hierbas. Después de la cosecha, si todo el campo se cubre con paja, se detiene la germinación de las malas hierbas. El trébol blanco sembrado con el cereal para cobertura del suelo, también ayuda a mantener las malas hierbas bajo control.

El método general de tratar las malas hierbas es cultivar el suelo. Pero cuando se labra el suelo, las semillas que permanecían en profundidad y que nunca hubieran germinado de otra forma, se sacan a la superficie, dándoles la oportunidad de germinar. Más aún, bajo estas condiciones se da ventaja a las variedades de germinación y crecimiento rápidos. Se podría decir que el agricultor que trata de controlar las malas hierbas cultivando la tierra está, bastante literalmente, sembrando las semillas de su propia desdicha.

Control de plagas

Permitidme decir que todavía hay algunas personas que creen que si no se utilizan productos químicos, sus frutales y sus cosechas se marchitarán ante sus propios ojos.

La realidad es que utilizando estos productos químicos la gente ha creado involuntariamente las condiciones por las cuales este temor infundado puede convertirse en realidad. Recientemente los pinos rojos japoneses han estado sufriendo severos daños a causa de una plaga de carcomas de la corteza de pino. Los ingenieros forestales están ahora utilizando helicópteros en un intento de frenar el daño mediante la aplicación aérea de pesticidas. No niego que esto sea efectivo a corto plazo, pero sé que debe haber otro método.

Las carcomas causantes de la marchitez, según las investigaciones más recientes no son una infestación directa, sino que siguen la acción de nematodos intermediarios. Los nematodos se crían dentro del tronco, bloquean el transporte del agua y nutrientes y, ocasionalmente, causan que el pino se marchite y muera.

La causa última, por supuesto, todavía no se comprende con claridad. Los nematodos se alimentan de un hongo que vive dentro del tronco del árbol. ¿Por qué comenzó este hongo a extenderse tan prolíficamente dentro del árbol? ¿Comenzó el hongo a multiplicarse después de que el nematodo hubiese ya aparecido? O ¿apareció el nematodo porque el hongo ya estaba presente? ¿Se reduce todo a la pregunta de quién vino primero, el hongo o el nematodo? Más aún, hay un microbio sobre el que se conoce muy poco, que siempre acompaña al hongo y un virus tóxico para el hongo.

Efecto siguiendo a efecto en cada dirección, la única cosa que puede decirse con toda seguridad es que los pinos se están muriendo en cantidades poco corrientes. La gente no puede saber cuál es la verdadera causa de la marchitez del pino, así como no puede saber las últimas consecuencias de su «remedio». Si la situación se altera sin saber cómo, únicamente se están esparciendo las semillas de la próxima catástrofe.

No, no puedo alegrarme al saber que el daño inmediato de la carcoma ha sido reducido por la aplicación de productos químicos. La utilización de productos químicos agrícolas es la forma más inepta de tratar de resolver problemas de este tipo y solamente conducirá a mayores problemas en el futuro.

Estos cuatro principios de la agricultura natural (no laboreo, no utilización de abonos químicos o compost preparado, no desherbaje mediante laboreo o herbicidas, no dependencia de productos químicos) cumplen el orden natural y llevan al origen de la riqueza de la naturaleza. Todos mis pasos a tientas han seguido estas líneas de pensamiento. Este es el núcleo de mi método de cultivo de hortalizas y cereales cítricos.

Cultivando entre las malas hierbas

Muchos tipos de malas hierbas crecen junto con el centeno y el trébol en estos campos. La paja de arroz que se esparció sobre estos campos el pasado otoño ya se ha descompuesto en rico humus. Este campo producirá cerca de 5.800 kg de centeno por hectárea.

Ayer, cuando el profesor Kawase, una prominente autoridad en pastos, y el profesor Hiroe, que está investigando sobre variedades antiguas de plantas cultivadas, vieron la bella capa de abono verde y centeno sobre mis campos la elogiaron como si fuera una maravillosa obra de arte. Un agricultor local que había esperado ver mis campos cubiertos de hierba, se sorprendió al encontrar al centeno creciendo tan vigorosamente entre las muchas otras plantas. Expertos y técnicos también han venido aquí y han visto las malas hierbas y se han ido moviendo sus cabezas asombrados.

Hace veinte años, cuando estaba promoviendo el uso de la cobertura permanente del suelo en vergeles, no se veía una sola brizna de hierba en los campos o en los vergeles a lo largo de todo el país. Viendo vergeles de frutales como el mío, la gente empezó a entender que los árboles frutales podían crecer muy bien entre las malas hierbas y el césped. Hoy en día, las plantaciones de frutales con cobertura de hierba son comunes en todo Japón y aquellas sin cobertura de hierba se han convertido en la excepción.

Es lo mismo para los campos de cereal. El arroz, la cebada y el centeno pueden ser cultivados con éxito en campos cubiertos con malas hierbas y trébol durante todo el año. Permitidme repetir con mayor detalle el programa anual de siembra y cosecha en estos campos. A principios de octubre, antes de la cosecha del arroz, se siembran a voleo entre los tallos en maduración del arroz, trébol blanco y las variedades de crecimiento rápido de cereal de invierno.

El trébol blanco se siembra a razón de 4,5 kg/ha, los cereales de invierno a razón de 30-60 kg/ha. Para agricultores inexpertos o en campos con suelo pobre y duro, es más seguro aumentar al comienzo la cantidad de semilla. A medida que el suelo mejora con la descomposición de la paja y el abono verde, el agricultor está más familiarizado con el método de siembra directa sin laboreo, y puede ser reducida la cantidad de semilla.

El trébol y el centeno o la cebada ya han germinado y crecido 4 o 5 cm cuando el arroz está listo para ser cosechado. Durante la cosecha del arroz, las jóvenes plantas son pisoteadas por los segadores pero se recuperan en muy poco tiempo. Cuando se finaliza el desgranado de la espiga se esparcen sobre el campo la paja y las cascarillas del arroz.

Si el arroz se siembra en otoño y se dejan sin cubrir las semillas son a menudo comidas por ratones y pájaros o, a veces, se pudren en el suelo, por lo que yo recubro las semillas de arroz con una capa de arcilla antes de sembrarlas. Las semillas se ponen en un recipiente liso o en una cesta y se agitan con un movimiento circular. Se espolvorea arcilla finamente triturada sobre ellas y se añade, de vez en cuando, una fina pulverización de agua. Así se forman unas pequeñas bolitas de cerca de un centímetro de diámetro.

Hay otro método para hacer las bolitas. Primero se sumerge en agua durante varias horas la simiente descascarillada del arroz. Las semillas se extraen posteriormente y se mezclan con arcilla humedecida, amasándolas con las manos o los pies. Entonces la arcilla se pasa a través de una tela metálica para separarla en pequeños terrones. Los terrones deben dejarse secar durante uno o dos días hasta que puedan ser redondeados en forma de bolitas entre las palmas de las manos. Idealmente suele haber una semilla por bolita. En un día es posible hacer suficientes bolitas para sembrar algunas hectáreas.

Dependiendo de las condiciones, a veces también recubro con arcilla formando bolitas las semillas de otros cereales y hortalizas antes de sembrarlas. Entre mediados de noviembre y mediados de diciembre es una buena fecha para sembrar a voleo, entre las jóvenes plantas de cebada o centeno, las bolitas conteniendo las semillas de arroz, pero también pueden sembrarse en primavera.[5]

Luego se esparce una delgada capa de gallinaza sobre el campo para ayudar a descomponer la paja de arroz que habíamos esparcido, completando así la siembra anual.

En mayo, cuando se cosecha el cereal de invierno y después del trillado, se esparce sobre el campo toda la paja resultante. Entonces permito que el agua permanezca inundando el campo durante una semana o diez días, lo que origina el debilitamiento de las malas hierbas y el trébol, y permite que el arroz germine a través de la paja. El agua de la lluvia es suficiente para cubrir las necesidades de las plantas durante junio y julio: en agosto se riega el campo alrededor de una vez por semana, sin permitir que el agua permanezca estancada. La cosecha de otoño está ahora aproximándose.

Este es el ciclo anual del cultivo de arroz/cereal de invierno siguiendo mi método natural. La siembra y la cosecha siguen tan de cerca el modelo natural que podrían considerarse mejor como un proceso natural que como una técnica agrícola. El agricultor solamente necesita una o dos horas para sembrar y esparcir la paja sobre 0,1 ha. Con excepción del trabajo de la cosecha, el cereal de invierno puede cultivarse con una sola mano, y dos o tres personas pueden hacer todo el trabajo

---

5   N. del ed. El arroz se siembra en dosis de 20 a 40 kg/ha. Hacia finales de abril el Sr. Fukuoka revisa la germinación de la semilla sembrada en otoño y esparce más bolitas de semilla si es necesario.

necesario para cultivar un campo de arroz utilizando solamente las herramientas tradicionales japonesas.

Probablemente no hay método más fácil y más simple para cultivar cereales. Implica poco más que sembrar a voleo y esparcir la paja, pero he necesitado cerca de treinta años para alcanzar esa simplicidad.

Este método de agricultura ha evolucionado de acuerdo con las condiciones naturales de las islas japonesas, pero creo que la agricultura natural puede ser también aplicada en otras áreas y al cultivo de otras plantas nativas. En áreas donde el agua no es disponible con tanta facilidad pueden cultivarse, por ejemplo arroz de montaña y otros cereales como el trigo sarraceno, sorgo o mijo. En vez de trébol blanco, pueden utilizarse como cobertura vegetal otras variedades de trébol, alfalfa, vezas o altramuz. La agricultura natural toma una forma distinta de acuerdo con las condiciones únicas del área en la cual es aplicada.

Haciendo la transición a este tipo de agricultura puede ser necesario algo de desherbaje al comienzo así como compostaje o poda, pero estas medidas deben ser reducidas gradualmente cada año. Realmente, no es la técnica de cultivo el factor más importante, sino la posición mental que adopte el agricultor.

Cultivando con paja

Esparcir paja puede considerarse poco importante pero es fundamental en mi método de cultivar arroz y cereal de invierno. Está relacionada con todo: la fertilidad, la germinación, las malas hierbas, el mantener alejados los gorriones y la conservación de la humedad del suelo...

Tanto en la práctica como en la teoría, la utilización de paja en agricultura es de vital importancia. Esto es algo que parece que yo no pueda hacer entender a la gente.

Esparciendo paja sin trocear

El centro de ensayos de Okayama está ensayando ahora la siembra directa de arroz en el 80 por ciento de sus campos experimentales. Cuando sugerí que esparciesen la paja sin trocear, ellos aparentemente pensaron que esto no podía ser correcto, y condujeron los experimentos troceando la paja con una picadora mecánica. Cuando fui a visitar los ensayos hace pocos años encontré que los campos habían sido divididos en grupos utilizando en unos, paja picada, paja entera en otros, y el resto sin paja.

Esto es exactamente lo que yo hice durante mucho tiempo, y dado que la paja entera da mejores resultados esta es la forma en que yo la utilizo. El Sr. Fujii, un profesor de la escuela de agricultura de Yasuki, de la Prefectura de Shimane, quería probar la siembra directa y vino a visitar mi explotación. Le sugerí que esparciese paja sin trocear sobre sus campos. Regresó el año siguiente y me notificó que el ensayo había fracasado. Después de escuchar atentamente su informe, encontré que había depositado la paja sobre el suelo tan ordenadamente como el acolchado de un huerto familiar japonés.

Si se hace de esta forma las semillas no pueden germinar bien. Igualmente, si se esparce tan meticulosamente la paja de cebada o centeno, los brotes de arroz tendrán dificultad en atravesarla. Es mejor tirar la paja en todas las direcciones igual como si los tallos hubiesen caído de forma natural.

La paja de arroz funciona bien como cobertura de los cereales de invierno, y la paja de los cereales de invierno funciona mejor con el arroz. Quiero que esto se comprenda bien. Hay varias enfermedades del arroz que infectarían el cultivo si se aplicase paja fresca de arroz sobre el campo sembrado de este mismo cereal. Sin embargo, estas enfermedades del arroz no infectarán al cereal de invierno, y si la paja de arroz se esparce en otoño, estará completamente descompuesta para cuando germine el arroz la próxima primavera.

La paja fresca de arroz es segura para los cereales de invierno, como lo es la paja de trigo sarraceno, y la paja de los cereales de invierno puede ser utilizada para el arroz y el trigo sarraceno. En general la paja fresca de los cereales de invierno, tales como trigo, cebada y centeno, no debe utilizarse como cobertura para otros cereales de invierno, ya que podría ocasionar problemas de enfermedades.

Toda la paja y envolturas de los granos que se obtengan después de la trilla, deben ser devueltas al campo de cultivo.

La paja enriquece el suelo

Esparcir la paja sobre los campos de cultivo mantiene su estructura y enriquece el suelo, así que se hace innecesario el abonado comercial. Esto, por supuesto, dentro de la práctica del no-laboreo.

Mis campos seguramente son los únicos en el Japón que no han sido labrados desde hace aproximadamente treinta años, y la calidad del suelo mejora con cada estación. Yo estimaría que la capa superficial del suelo, rica en humus, se ha enriquecido en una profundidad de más de diez centímetros durante estos años.

Esto es básicamente el resultado de devolver al suelo todo lo que se ha producido en el campo, excepto el propio grano. No hay necesidad de preparar compost. No digo que no se necesite compost sino solamente que no es necesario trabajar tan duro fabricándolo. Si se deja la paja sobre la superficie del campo en primavera u otoño, y se cubre con una ligera capa de gallinaza o excremento de patos, en seis meses estará totalmente descompuesta (compostaje en superficie). Para hacer el compost según el método usual (compostaje en montón), el agricultor trabaja como loco bajo el ardiente sol, troceando la paja, añadiendo agua y cal, volteando el montón y acarreándolo a los campos. El agricultor pasa a través de todas estas penas porque piensa que es el «mejor método». Yo preferiría ver a la gente esparciendo solamente la paja y cáscaras de los cereales, o virutas de maderas sobre sus campos.

Viajando a lo largo de la línea de Tokeido, en el oeste del Japón he observado que la paja se trocea menos que cuando comencé a hablar de esparcirla sin picarla. Tengo que dar crédito a los agricultores. Pero los expertos de los tiempos modernos todavía están diciendo que es mejor utilizar solamente tantos cientos de kilos de paja por hectárea. ¿Por qué no dicen que se devuelva toda la paja a los campos? Mirando a través de la ventana del tren, se pueden ver agricultores que han cortado y esparcido cerca de la mitad de la paja y han dejado el resto en un margen pudriéndose bajo la lluvia. Si todos los agricultores del Japón se unieran y comenzaran a devolver toda la paja a sus campos esto supondría una enorme cantidad de compost que se incorporaría al suelo.

Germinación

Durante cientos de años los agricultores han empleado muchos cuidados y tiempo en la preparación de los semilleros de arroz para obtener plantones fuertes y sanos. Los pequeños semilleros se cuidaban como si fuesen altares familiares. La tierra se labraba, se esparcía arena por su superficie y cenizas de las cascarillas del arroz, y se ofrecía una oración para que las plantas se desarrollasen vigorosamente.

Está justificado, por lo tanto, que los aldeanos de los alrededores pensasen que yo estaba fuera de mis cabales, pues sembraba el arroz a voleo cuando el cereal de invierno todavía no había sido cosechado, con hierbas y trozos de paja descompuesta por todo el alrededor. Desde luego las semillas germinan bien cuando se siembran en un campo que ha sido labrado correctamente, pero si llueve y el campo se convierte en un lodazal, no se puede entrar ni andar sobre él, y la siembra debe aplazarse. El método de no-laboreo es seguro en cuanto a este punto pero por otra parte hay problemas con los pequeños animales, tales como topos, grillos, ratones o babosas, a los que les gusta comerse las semillas. La capa de arcilla recubriendo la semilla resuelve este problema.

En la siembra del cereal de invierno, el método usual consiste en esparcir las semillas y posteriormente cubrirlas con tierra. Si las semillas se siembran a demasiada profundidad, entonces se pudrirán. Yo primero depositaba las semillas en pequeños agujeros en el suelo, o en surcos sin cubrirlos con tierra, pero experimenté muchos fallos con ambos métodos.

Últimamente me he vuelto gandul y en lugar de hacer surcos o punzar agujeros en el suelo envuelvo las semillas en bolitas de arcilla y las esparzo directamente sobre el campo. La germinación es óptima sobre la superficie, donde está expuesta al oxígeno. He descubierto que en los lugares donde estas bolitas están cubiertas con paja las semillas germinan bien y no se pudren incluso en los años de fuertes precipitaciones.

La paja ayuda a mantener bajo control las hierbas y los pájaros

Idealmente una hectárea proporcionará cerca de 4.000 kg de paja de centeno. Si toda la paja se esparce devolviéndola al campo la superficie quedará completamente cubierta. Incluso una hierba tan problemática como es la «hierba cangrejo» (*crabgrass*), que constituye el problema más difícil en el método de siembra directa sin laboreo, puede ser mantenida bajo control. Los gorriones me han causado muchos dolores de cabeza. La siembra directa no puede triunfar si no hay un método eficaz de mantener a raya los pájaros y hay muchos lugares en los cuales la siembra directa ha progresado lentamente por esta única razón. Muchos de vosotros puede que tengáis el mismo problema con los gorriones, y sabréis entonces lo que quiero decir. Puedo recordar algunas veces cuando estos pájaros me seguían justo detrás y devoraban todas las semillas que había sembrado incluso antes de que tuviese la oportunidad de plantar el otro extremo del campo. Probé con espantapájaros, redes y cuerdas con ruidosas latas, pero nada pareció funcionar demasiado bien o, si alguno de estos métodos parecía dar buen resultado, su efectividad no duraba más de uno o dos años.

Mi propia experiencia me ha demostrado que se puede resolver con máxima eficacia el problema de los gorriones si se esparce la semilla mientras el precedente cultivo está todavía en el campo, quedando así escondida entre las hierbas y el trébol, junto con la aplicación de una cobertura de paja de arroz, cebada o centeno tan pronto como el cereal que había sobre el campo ha sido cosechado.

He cometido muchos errores mientras experimentaba a lo largo de estos años y he experimentado fracasos de todo tipo. Probablemente conozco más sobre lo que puede salir mal cultivando plantas que cualquier otra persona en el Japón.

Cuando triunfé por primera vez con el cultivo de arroz y cereal de invierno siguiendo el método del no-laboreo, me sentí tan satisfecho como Colón debe haberse sentido cuando descubrió América.

Cultivando arroz en un campo sin inundar

Hacia principios de agosto las plantas de arroz de los campos de los vecinos llegan ya a la altura de la cintura, mientras que las plantas de mis campos tienen solamente alrededor de la mitad de esta altura. La gente que viene aquí de visita hacia finales de julio se muestra escéptica y pregunta: «Fukuoka-san ¿va a dar buen resultado este arroz?» «Seguro —les respondo—. No hay que preocuparse».

No busco obtener plantas altas, de rápido crecimiento y con grandes hojas. En vez de ello mantengo las plantas tan compactas como sea posible. Se debe mantener la espiga pequeña, no sobrealimentar las plantas, y permitirles crecer según su forma natural.

Generalmente, las plantas de arroz de 90 a 120 cm de altura producen hojas exuberantes y dan la impresión de que la planta va a producir mucho grano, pero son únicamente los tallos y sus hojas los que están creciendo con fuerza. La producción de almidón es grande pero la eficiencia es baja, y es tanta la energía que se gasta en el desarrollo vegetativo, que no queda gran cosa para ser almacenada en los granos.

Por ejemplo, si estas plantas altas y desproporcionadas producen 100 kg de paja, la producción de arroz será de cerca de 50-60 kg En las pequeñas plantas de arroz, tal como las que crecen en mis campos, 100 kg de paja producen 100 kg de arroz. En una buena cosecha la producción de grano de arroz de mis plantas alcanzará cerca de los 120 kg por cada 100 kg de paja, o sea, será un 20 por ciento más pesada que la paja.

Las plantas de arroz cultivadas en un campo sin inundar no crecen tan altas. La luz solar se recibe uniformemente, alcanzando la base de las plantas y las hojas más bajas. Una pulgada cuadrada (6,5 cm²) de hoja basta para producir seis granos de arroz. Tres o cuatro pequeñas hojas son más que suficientes para producir cien granos de arroz en la espiga. Yo siembro un poco denso y acabo cosechando cerca de 250-300 tallos portadores de espigas (de 20 a 25 plantas) por metro cuadrado.

Si se obtienen muchos tallos por ahijamiento y no se busca obtener plantas grandes se pueden obtener altos rendimientos sin dificultad. Esto también es cierto para el trigo, la cebada, el trigo sarraceno, la avena, el mijo y otros cereales.

Para el cultivo de arroz, el método usual consiste en mantener varios centímetros de agua inundando los campos durante la estación de crecimiento. Los agricultores han estado cultivando arroz en el agua durante tantos siglos, que mucha gente cree que no puede ser cultivado de ninguna otra forma.

Las variedades de arroz cultivadas en campos inundados son relativamente resistentes a ser cultivadas en campos inundados, pero no es bueno para la planta ser cultivada de esta forma. Las plantas de arroz crecen mejor cuando el contenido de agua del suelo está entre el 60 y el 80 por ciento de la capacidad del campo. Cuando el campo no se inunda las plantas desarrollan raíces más fuertes y son extremadamente resistentes a los ataques de enfermedades o insectos.

La principal razón para cultivar arroz en un campo inundado consiste en poder controlar las malas hierbas, creando un ambiente en el que pocas malas hierbas pueden sobrevivir.

Sin embargo, aquellas que sobreviven deben ser arrancadas a mano o con una herramienta manual. Si se sigue el método tradicional, este trabajo agotador debe repetirse varias veces durante cada estación de crecimiento. En junio durante la estación de los monzones yo mantengo el agua inundando el campo aproximadamente durante una semana. Pocas de las hierbas que germinan en los campos secos pueden sobrevivir incluso un periodo tan corto sin oxígeno: el trébol también se marchita y se vuelve amarillo. La idea consiste en no matar el trébol sino solamente debilitarlo para permitir a las plántulas de arroz que se establezcan.

Cuando el agua se drena (tan pronto como sea posible) el trébol se recupera y se extiende bajo las plantas de arroz en crecimiento, para cubrir de nuevo la superficie del campo.

Después de esto, a penas hago nada con respecto a la utilización del agua. Durante la primera mitad de la estación no riego en absoluto. Incluso en años con muy poca lluvia, el suelo permanece húmedo bajo la capa de paja y abono verde. En agosto dejo que entre agua en poca cantidad en cada riego, pero nunca permito que permanezca estancada.

Si muestras una planta de arroz de mi campo a un agricultor, este reconocerá inmediatamente que tiene el aspecto que debería tener una planta de arroz, y que su forma es la ideal. El agricultor reconocerá que las semillas germinaron naturalmente y que la planta no fue trasplantada, que la planta no puede haber crecido con mucha agua, y que no se aplicó abono químico. Cualquier agricultor puede deducir fácilmente todas estas cosas observando el aspecto global de las plantas, la forma de las raíces y la longitud de los entrenudos del tallo principal. Si sabes cuál es la forma ideal, es solamente cuestión de saber cómo se ha de cultivar la planta para llegar a esta forma bajo las condiciones únicas de tu propio campo.

Yo no estoy de acuerdo con la idea del profesor Matsushima de que es mejor la forma en que la cuarta hoja comenzando desde la punta de la planta es la más larga. Algunas veces, cuando la segunda o tercera hoja son las más largas, es cuando se obtienen los mejores resultados. Si el crecimiento se frena mientras la planta es joven, es entonces cuando se obtiene una gran cosecha si la última o la segunda hoja son las más largas. La teoría del profesor Matsushima se deriva de experimentos en los que se utilizan plantas de arroz debilitadas, cultivadas con abono en semilleros, que luego han sido trasplantadas. Mi arroz, por el contrario, ha crecido de acuerdo con el ciclo natural de vida de la planta de arroz igual que si estuvieran creciendo de forma silvestre. Yo espero pacientemente a que la planta se desarrolle y madure a su propio ritmo.

En años recientes he estado ensayando una antigua variedad de arroz glutinoso del sur. Cada semilla, sembrada en otoño, produce una media de 12 tallos con cerca de 250 granos por espiga. Con esta variedad creo que un día seré capaz de obtener una cosecha cercana a la máxima obtenible teóricamente de la energía solar recibida por el campo. En algunas zonas de mis campos ya he conseguido cosechas de 7.500 kg/ha con esta variedad.

Visto a través del desconfiado ojo del técnico, mi método de cultivar arroz podría decirse que es un resultado provisional a corto plazo. Probablemente diría que «si el experimento continuase por más tiempo, ciertamente aparecería algún tipo de problema». Pero yo he estado cultivando arroz de esta forma durante más de veinte años. Las producciones siguen aumentando y el suelo se vuelve más fértil cada año.

Árboles frutales

Yo también cultivo algunas variedades de cítricos en las colinas cercanas a mi hogar. Después de la guerra, cuando comencé por primera vez a trabajar en el campo empecé con 0,6 ha de cítricos y 0,2 ha de campos de arroz, pero ahora las plantaciones de cítricos cubren 5,6 ha. Llegué a esta extensión tomando tierra de las colinas de los alrededores que habían sido abandonadas. Entonces las roturé a mano.

Los pinos de varias de estas laderas ya habían sido cortados hace unos cuantos años y todo lo que hice fue cavar agujeros siguiendo las curvas de nivel y trasplantar cítricos del semillero. Ya habían aparecido brotes en los troncones de los pinos y, a medida que pasaba el tiempo, hierbas «pampas», «cogon» y «bracken» comenzaron a prosperar. Los plantones de cítricos se perdieron de vista en medio de un embrollo de vegetación. Corté la mayoría de los brotes de los pinos, pero dejé algunos para que crecieran y sirvieran de cortavientos. Entonces segué el matorral y la cubierta herbácea y sembré trébol. Después de seis o siete años, los cítricos finalmente produjeron fruto. Cavé la tierra de detrás de los frutales para formar terrazas y el vergel de frutales tiene ahora un aspecto similar al de cualquier otro. Desde luego seguí los principios de no laboreo, no utilización de abonos químicos y no utilización de pesticidas ni herbicidas.

Una cosa interesante fue que al comienzo, mientras los plantones estaban creciendo bajo los rebrotados árboles forestales, no había evidencia de insectos dañinos tales como la cochinilla. Una vez que se cortaron los brotes de los árboles y el matorral, la tierra se hizo menos salvaje y más parecida a un frutedo. Solamente entonces hicieron su aparición estos insectos.

Lo mejor es permitir que el árbol frutal siga su forma natural desde el principio. El árbol producirá fruto cada año y no hay necesidad de podar. Un cítrico sigue el mismo modelo de crecimiento que un cedro o un pino, esto es: un único tronco central creciendo recto con ramas extendiéndose hacia el exterior alternativamente. Desde luego, no todas las variedades de cítricos crecen formando árboles de idéntico tamaño y forma. Las variedades Hassaku y Shaddock crecen muy altas, los mandarinos de invierno Unshu son cortos y rechonchos, las variedades Satsuma de mandarinos son pequeñas en su madurez, pero todas tienen un tronco central.

No matar
a los depredadores naturales

Yo creo que todo el mundo sabe que, dado que las «plagas» más comunes de los vegetales, las cochinillas, tienen enemigos naturales, no hay necesidad de aplicar insecticidas para mantenerlas bajo control. Hubo un tiempo en que en el Japón se utilizaba el insecticida Fusol.

Los depredadores naturales fueron exterminados completamente y los problemas que esto originó todavía perduran en muchas prefecturas. A partir de esta experiencia creo que la mayoría de los agricultores se han dado cuenta de que es indeseable eliminar a los depredadores, ya que a largo plazo se incrementarán los daños causados por los insectos. Con respecto a los ácaros y las cochinillas que aparecen, si se utiliza una solución de aceite mineral —un producto químico relativamente inocuo para los depredadores—, diluido entre 200 y 400 veces, y se pulverizan ligeramente los frutales a mediados de verano, dejando a las comunidades de insectos conseguir su equilibrio natural después del tratamiento, el problema generalmente se resolverá por sí mismo. Este control no se conseguirá si se ha utilizado un pesticida organofosforado en junio o julio, ya que los depredadores también habrán sido eliminados por este producto químico.

No estoy diciendo que sea partidario del uso de los considerados inocuos tratamientos «biológicos» tales como la solución de sal de ajo o la emulsión de aceite mineral, ni que esté a favor de la introducción de especies predadoras extranjeras en el vergel de frutales para controlar los insectos causantes de problemas. Los árboles se debilitan y son atacados por insectos en la medida en que se despojan de su forma natural. Si los árboles están creciendo siguiendo un modelo no natural y se abandonan en este estado, las ramas se cruzan entre sí y se originan daños por ataque de insectos.

Ya he explicado cómo arrasé varios acres de cítricos de esta forma, pero si los árboles se corrigen gradualmente por lo menos regresarán aproximadamente a su forma natural. Los árboles se vuelven más resistentes y se hacen innecesarias las medidas para controlar los insectos. Si se planta un árbol cuidadosamente y se le permite seguir su forma natural desde el comienzo, no hay necesidad de poda ni tratamientos de ningún tipo. Muchos árboles de vivero han sido podados o sus raíces han sido dañadas en el vivero antes de ser trasplantados al frutedo, lo que hace que la poda sea necesaria desde el comienzo.

Para mejorar el suelo del frutedo traté de plantar varias especies de árboles. Entre ellas estaba la acacia

Morishima. Este árbol crece durante todo el año, sacando brotes nuevos durante todas las estaciones. Los pulgones que se alimentan de estos brotes comenzaron a multiplicarse en grandes números. Las mariquitas se alimentaban de los pulgones y también empezaron a aumentar. Después de que las mariquitas hubieran devorado todos los pulgones, pasaron a los cítricos y comenzaron a alimentarse de otros insectos tales como ácaros y cochinillas. El producir fruta sin podar, abonar ni efectuar tratamientos químicos solamente es posible dentro de un ambiente natural.

La tierra del vergel

No hace falta decir que la mejora del suelo es la preocupación fundamental del cuidado del vergel. Usando abonos químicos los árboles crecerán más pero el suelo se va empobreciendo. Los abonos químicos extraen la vitalidad de la tierra. Incluso si se utilizan durante una sola generación, el suelo sufre considerablemente. No hay camino más inteligente en agricultura que el de la mejora del suelo en su totalidad.

Hace veinte años la ladera de esta montaña era de arcilla roja tan dura que difícilmente se podía penetrar con una pala. Mucha de la tierra de los alrededores era del mismo tipo. La gente cultivó patatas hasta agotar el suelo y después abandonó los campos. Podría decirse que en vez de cultivar cítricos y hortalizas aquí arriba he estado contribuyendo a devolver la fertilidad al suelo.

Hablemos de cómo trabajé en la restauración de estas laderas. Después de la guerra se divulgaba la técnica de labrar en profundidad los vergeles de cítricos y de cavar agujeros para incorporar materia orgánica. Cuando regresé del centro de experimentación traté de hacer lo mismo en mi propio vergel. Al cabo de unos cuantos años llegué a la conclusión de que este método no solamente era agotador físicamente, sino que además, en lo que respecta a la mejora del suelo, era simplemente ineficaz.

Al comienzo enterraba paja y helechos que bajaba de la montaña. El acarrear bultos de 40 kg y más era un trabajo fenomenal, pero después de dos o tres años no había suficiente humus para llenar el hueco de mi mano. Las zanjas que había cavado para enterrar la materia orgánica se hundieron y se convirtieron en pozos. Después traté de enterrar madera. Parece que la paja debiera ser la mejor ayuda para mejorar el suelo, pero juzgando por la cantidad de humus formada, la madera es mejor. Esto es posible mientras haya árboles que cortar, pero para alguien que no tenga árboles en las proximidades es mejor producir la madera en el mismo vergel que arrancarla de lugares distantes.

En mi vergel hay pinos, cedros, unos cuantos perales, kakis, cerezos japoneses y muchas otras variedades nativas creciendo entre los cítricos. Uno de los árboles más interesantes aunque no sea nativo es la acacia Morishima. Este es el árbol que mencioné anteriormente en relación con las mariquitas y la protección de los depredadores naturales.

Su madera es dura, las flores atraen a las abejas y sus hojas son buenas para forraje. Ayuda a prevenir daños causados por insectos, actúa como cortavientos, y las bacterias *Rhizobium* viven en sus raíces abonando el suelo.

Este árbol fue introducido en el Japón hace algunos años desde Australia y crece más rápidamente que cualquier otro árbol que yo haya visto. Desarrolla una profunda raíz en unos pocos meses, y en seis o siete años su altura alcanza la de un poste de teléfonos. Además este árbol es un fijador de nitrógeno, así que plantando de 60 a 100 árboles por hectárea puede lograrse la mejora de las capas profundas del suelo sin necesidad de partirse la espalda acarreando troncos montaña abajo.

En lo que se refiere a la capa superficial del suelo sembré una mezcla de trébol blanco y alfalfa sobre el suelo desnudo. Pasaron varios años antes de que pudiesen arraigar bien, pero finalmente lo hicieron y cubrieron las laderas del vergel.

También planté rábano japonés (daikon). Las raíces de esta planta penetran profundamente en el suelo, añadiendo materia orgánica y abriendo canales para la circulación del aire y del agua. Se autosiembra fácilmente, por lo que prácticamente puedes olvidarte de él después de la primera siembra. A medida que se enriquecía el suelo, las hierbas empezaron a reaparecer. Después de siete u ocho años el trébol casi desapareció entre las hierbas, así que esparcí un poco más de semilla de trébol a finales de verano después de segar las hierbas.[6]

---

6   N. del ed. Durante el verano el Sr. Fukuoka siega con una guadaña
     las hierbas, zarzas y brotes de árboles que crecen bajo los frutales.

Como resultado de esta gruesa cubierta de hierba y trébol durante 25 años, la capa superficial del suelo del vergel, que antes era una dura capa de arcilla roja, se ha ablandado, coloreado de negro y enriquecido con lombrices y humus.

Con el abono verde fertilizando el suelo superficial y las raíces de la acacia Morishima mejorando el suelo en profundidad, puedes arreglártelas bastante bien sin abono y no hay necesidad de labrar la tierra entre los árboles frutales. Con árboles altos como cortavientos, cítricos en el medio, y una cubierta de abono verde bajo ellos, he hallado la forma de tomármelo con calma y dejar que el vergel se cuide a sí mismo.

Cultivando hortalizas como plantas silvestres

A continuación hablaremos del cultivo de hortalizas. Se puede utilizar un huerto para abastecerse de hortalizas para casa, o bien cultivarlas a campo abierto, en tierra no utilizada. Para el huerto basta decir que deben cultivarse las hortalizas adecuadas a la estación, en un suelo preparado con compost y estiércol orgánicos.

El método de cultivar el huerto familiar en el antiguo Japón armonizaba bien con el modelo de vida natural. Los niños jugaban bajo los frutales en el patio trasero. Los cerdos comían las sobras de la cocina y se revolcaban en el suelo. Los perros ladraban y jugaban y el agricultor esparcía simientes sobre la tierra fértil. Los gusanos e insectos crecían entre las hortalizas, y las gallinas se los comían, poniendo huevos para que se los comiesen los niños. La familia rural típica japonesa cultivaba las hortalizas de esta forma hasta hace menos de 20 años. Las enfermedades de las plantas se prevenían criando las variedades tradicionales en el momento adecuado, manteniendo un suelo sano mediante la devolución de todos los residuos al mismo, y rotando los cultivos. Los insectos dañinos eran recogidos a mano o comidos por las gallinas. En Shikoku del sur había un tipo de gallinas que comía los gusanos e insectos de las hortalizas sin escarbar las raíces o dañar las plantas. Algunas personas se mostrarán escépticas al comienzo con respecto a la utilización de estiércol animal y residuos orgánicos de la casa pensando que es primitivo o sucio.

Hoy la gente quiere hortalizas «limpias», así que algunos agricultores las cultivan en invernaderos sin utilizar el suelo. Los cultivos enarenados e hidropónicos se están volviendo más populares cada día. Las hortalizas se cultivan con nutrientes químicos y con la luz que ha sido filtrada a través de una cobertura plástica de vinilo. Es extraño que la gente pueda creer que estas hortalizas cultivadas químicamente sean «limpias» y puedan comerse con seguridad.

Los alimentos obtenidos en suelos equilibrados por la acción de lombrices, microorganismos y estiércol animal en descomposición son los más limpios y saludables de todos. Mediante el cultivo de hortalizas de una manera «semisalvaje» utilizando un campo sin utilizar como la orilla de un río o un terreno baldío, mi idea consiste en esparcir las semillas y dejar que las hortalizas crezcan junto a las malas hierbas.

Yo cultivo mis hortalizas en la ladera de la colina utilizando los espacios entre los cítricos. Lo más importante es conocer el momento correcto para sembrar. Para las hortalizas de primavera, el tiempo correcto es cuando las hierbas de invierno están secándose y justo antes de que las hierbas de primavera hayan brotado.[7]

Para la siembra de otoño, las semillas deberán esparcirse cuando las hierbas de verano están secándose y las de invierno todavía no han aparecido. Es mejor esperar a una lluvia que parezca que vaya a durar varios días. Se corta una franja en la cubierta de hierba y se esparcen las semillas de hortalizas.

No hay necesidad de cubrirlas con tierra, basta únicamente con colocar las hierbas que han sido cortadas sobre las semillas para que actúen como acolchado y las oculten de los pájaros y gallinas hasta que puedan germinar.

Generalmente la hierba debe segarse dos o tres veces para que los brotes de las hortalizas sembradas puedan llevar la delantera, pero algunas veces basta con una siega. Donde la hierba y el trébol no sean muy espesos se pueden esparcir directamente las semillas. Las gallinas se comerán unas cuantas, pero muchas germinarán.

---

7   N. del ed. Este método para cultivar hortalizas ha sido desarrollado por el Sr. Fukuoka mediante ensayos de acuerdo con las condiciones locales. Donde él vive hay lluvias seguras en primavera y el clima es suficientemente cálido para cultivar hortalizas en todas las estaciones. A lo largo de los años ha llegado a saber qué hortalizas pueden crecer, entre cuales hierbas y el tipo de cuidados que cada una requiere. Para otros climas y tierras, debe ser el propio agricultor que quiera cultivar hortalizas de una forma seminatural el que desarrolle una técnica adecuada a su clima, tierra y vegetación natural.

Si se plantan en hilera o en surco, hay una mayor probabilidad de que los escarabajos u otros insectos devoren muchas de las semillas, ya que éstos caminan en línea recta. Las gallinas también detectan el lugar que ha sido aclarado y vienen a escarbar en él. Mi experiencia demuestra que lo mejor es esparcir las semillas al azar. Las hortalizas cultivadas de esta forma son mucho más resistentes de lo que la gente se piensa. Si brotan antes que las hierbas, no serán cubiertas por ellas más tarde. Hay algunas hortalizas, como las espinacas y las zanahorias, que no germinan con facilidad. Sumergiéndolas en agua durante uno o dos días y posteriormente envolviéndolas con una capa de arcilla seguramente se resolverá este problema.

Si se siembran un poco densamente el rábano japonés, los nabos y varias hortalizas otoñales de hoja, serán lo suficientemente fuertes como para competir con éxito con la hierba de invierno y comienzos de primavera. Unas cuantas de estas plantas no se cosechan, resembrándose solas año tras año. Tienen un sabor único y son muy interesantes para el consumo.

Es una visión sorprendente ver muchas hortalizas poco familiares prosperando aquí y allá en la colina. Los rábanos japoneses crecen mitad bajo el suelo y mitad sobre él. Las zanahorias y la bardana a menudo crecen cortas y gruesas, con muchas raíces, y yo creo que su sabor agridulce ligeramente amargo es el de sus antepasados salvajes.

El ajo, las cebollas japonesas y los puerros chinos una vez plantados volverán a crecer por sí mismos durante muchos años. Las legumbres es mejor sembrarlas en primavera. Los garbanzos y habichuelas son fáciles de cultivar y dan altos rendimientos.

En el cultivo de guisantes, judías azuki rojas, judías de soja, judías pintas y habichuelas, es esencial la germinación temprana. Además, tendrán una germinación difícil si no hay suficiente lluvia, y deben vigilarse los insectos y pájaros. Los tomates y las berenjenas no pueden competir con la hierba cuando son jóvenes, por lo que deben sembrarse en semilleros y luego trasplantarse. En lugar de atar los tomates a palos o cañas pueden dejarse que corran sobre el suelo. De los nudos del tallo principal brotarán raíces y crecerán nuevos brotes que producirán frutos. Con respecto a los pepinos, las mejores variedades son las trepadoras. Las jóvenes plantas deben cuidarse segando ocasionalmente las malas hierbas, pero después de esto las plantas crecerán vigorosamente.

Clavando en el suelo cañas de bambú o ramas de árboles lograremos que los pepinos trepen alrededor de ellas. Las ramas mantienen el fruto justamente sobre el suelo, de tal manera que no se pudre. Este método para cultivar pepinos también es válido para melones y calabazas. Las patatas y los taros[8] son plantas muy resistentes. Una vez han sido plantadas rebrotarán en el mismo lugar año tras año y nunca serán eliminadas por las malas hierbas. Solamente hay que dejar unas cuantas en el campo cuando se cosechan.

Si el suelo está endurecido, se deben cultivar primero rábanos japoneses. A medida que crecen sus raíces,

---

8   El taro (*Colocasia esculenta*) es una especie de planta fanerógama pertenecien-
te a la familia de las aráceas. Similar al boniato.

mullen el suelo y después de algunas estaciones las patatas pueden ser cultivadas ocupando su lugar.

Yo he encontrado que el trébol blanco es útil para mantener a raya las malas hierbas. Crece muy compacto y puede ahogar incluso hierbas tenaces tales como la artemisia y la digitaria. Si el trébol se siembra mezclado con las semillas de las hortalizas, actuará como un acolchado vivo enriqueciendo el suelo y manteniéndolo húmedo y bien aireado.

Al igual que las hortalizas, es importante escoger la época adecuada para la siembra del trébol. Las mejores siembras son las efectuadas a finales de verano o en otoño. Las raíces se desarrollan durante los meses fríos, dando ventaja al trébol sobre las hierbas anuales de primavera. Las siembras a comienzos de primavera también dan buen resultado. Da buen resultado tanto sembrar el trébol a voleo como hacerlo en líneas separadas unos 30 cm Una vez que el trébol arraiga bien, no es necesario volver a sembrarlo en cinco o seis años. El motivo principal de este cultivo semisalvaje de hortalizas, es el cultivarlas de forma tan natural como sea posible en tierras que de otra forma no serían utilizadas. Si se pretende seguir técnicas mejoradas u obtener rendimientos más elevados, el intento acabará en el fracaso. En la mayoría de los casos, serán las plagas y enfermedades las que originen este fracaso.

Si se siembran varios tipos de hierbas y hortalizas y se cultivan entre la vegetación natural, el daño causado por plagas y enfermedades será mínimo y no habrá necesidad de efectuar tratamientos o recoger insectos a mano.

Se pueden cultivar hortalizas en cualquier lugar donde haya un crecimiento de hierbas vigoroso y variado. Es importante familiarizarse con el ciclo anual y modo de crecimiento de las hierbas del lugar. Observando la variedad y el tamaño de las hierbas silvestres en una zona determinada, se puede saber el tipo de suelo que tiene y si hay o no deficiencias en ciertos minerales. Entre los frutales de mi vergel cultivo bardana, calabaza, tomates y hortalizas en esta forma semisalvaje.

Las condiciones para el abandono de los productos químicos

El cultivo de arroz en el Japón se encuentra actualmente ante una encrucijada. Los agricultores y especialistas están confundidos sobre qué camino seguir, si continuar trasplantando el arroz del semillero, o cambiar al sistema de siembra directa, y si se toma el segundo, elegir entre laboreo o no-laboreo. Yo he estado diciendo durante los últimos 20 años que el método basado en la siembra directa y sin laboreo probará ser el mejor. La velocidad con que la siembra directa se está extendiendo en la Prefectura de Okayama es asombrosa.

Sin embargo, están aquellos que dicen que regresar a una agricultura que no utilice productos químicos es impensable. Dicen que deben realizarse tratamientos con pesticidas químicos para controlar las tres grandes enfermedades del arroz: la podredumbre del tallo, el tizón o añublo y la marchitez bacteriana de la hoja.

Pero si los agricultores cesasen de cultivar las débiles variedades «mejoradas», dejasen de aportar nitrógeno en exceso al suelo, y redujesen la cantidad de agua de riego para que pudiesen desarrollarse las raíces con fuerza, todas estas enfermedades acabarían desapareciendo y serían innecesarios los tratamientos con productos químicos. Al comienzo, el suelo de arcilla roja de mis campos era inadecuado para el cultivo de arroz, y frecuentemente aparecía la enfermedad del moteado marrón. Pero a medida que aumentó la fertilidad del suelo, decreció la incidencia de esta enfermedad. Últimamente no aparece en absoluto.

La situación es la misma respecto a los daños causados por insectos. Lo más importante en este caso es no matar a los depredadores naturales. Mantener el campo continuamente inundado o regarlo con agua encharcada o contaminada también provocará plagas de insectos. Las plagas más problemáticas, las cicadelas de verano y otoño, pueden tenerse bajo control manteniendo el agua fuera del campo. Las cicadelas del arroz verde, que viven en las hierbas durante el invierno, pueden convertirse en huéspedes de virus. Si esto ocurre, el resultado representa frecuentemente la pérdida del 10 al 20 % de la cosecha por ataque del tizón del arroz.

Sin embargo, si no se hacen tratamientos con pesticidas químicos habrá muchas arañas presentes en el campo generalmente y se les puede encomendar a ellas el trabajo de controlar las cicadelas. Las arañas son muy sensibles a la alteración humana, lo que siempre debe tenerse en cuenta.

Mucha gente cree que si se abandonan los abonos y pesticidas químicos, los rendimientos agrícolas descenderían a una fracción del nivel presente. Algunos expertos en control de plagas estiman que las pérdidas en el primer año después de abandonar los pesticidas estarían alrededor del 5 %. No sería erróneo atribuir otra pérdida del 5 % si se abandonasen los abonos químicos. Esto es, si se restringiese la utilización del agua en los campos de arroz y se abandonasen los abonos químicos y aplicaciones de pesticidas alentados por la Cooperativa Agrícola, las pérdidas medias durante el primer año alcanzarían probablemente el diez por ciento. El poder de recuperación de la naturaleza es mayor de lo que pueda imaginarse, y después de la pérdida inicial yo creo que las cosechas aumentarían y, eventualmente, sobrepasarían su nivel original.

Cuando estuve trabajando en el Centro de Investigación de Kochi llevé a cabo experimentos para la prevención del taladro del tallo del arroz. Estos insectos penetran y se alimentan del tallo de la planta del arroz originando el emblanquecimiento y la marchitez de la espiga. El método de estimar el daño es simple: se cuentan cuántas espigas blancas de arroz hay. En cien plantas puede haber diez o veinte espigas blancas. En los casos de ataque severo, cuando parece como si toda la cosecha se hubiese arruinado, el daño real es de alrededor del treinta por ciento.

Para evitar esta pérdida se trató con insecticida un campo de arroz para matar a los taladradores, dejándose otro sin tratar. Cuando se calcularon los resultados, se vio que el campo sin tratar, con muchas espigas marchitas tuvo la mejor cosecha. Al principio no podía creerlo y pensé que era un error experimental. Pero los datos parecían ser ciertos, así que investigué el motivo.

Lo que ocurre es que al atacar las plantas más débiles, los taladros del tallo producen un efecto parecido al del aclareo. El marchitamiento de algunos tallos dejó más espacio al resto de las plantas. La luz del sol podía entonces penetrar hasta las hojas más bajas. Como resultado, las plantas restantes eran más fuertes, produjeron más espigas y más granos por espiga de lo que habrían hecho normalmente sin el aclareo. Cuando la densidad de las espigas es demasiado grande y los insectos no eliminan el exceso, las plantas parecen sanas, pero en muchos casos la cosecha es realmente menor. Leyendo los muchos informes de los centros de ensayo, pueden encontrarse los resultados de la utilización de prácticamente todos los pesticidas. Pero generalmente no se sabe que solamente se informa de aproximadamente la mitad de estos ensayos.

Desde luego no hay intención de ocultar nada, pero cuando los resultados son publicados en las propagandas de las compañías químicas, es lo mismo que si los datos conflictivos hubiesen sido mantenidos en secreto. Los resultados que muestran menores rendimientos, como en el experimento de los taladros del tallo, se clasifican como errores experimentales y se descartan. Desde luego hay casos en los que el exterminio de los insectos resulta en mayores rendimientos, pero hay otros casos en que los rendimientos disminuyen. Los informes de estos últimos casos raramente aparecen publicados.

De entre los productos químicos agrícolas, es del uso de los herbicidas del que probablemente costará más disuadir a los agricultores. Desde tiempos remotos el agricultor ha estado afligido por lo que él podría denominar «la batalla contra las malas hierbas». El labrado de la tierra, la escarda entre las hileras, e incluso el mismo ritual del trasplante del arroz, están todos dirigidos principalmente hacia la eliminación de las malas hierbas. Antes del desarrollo de los herbicidas un agricultor tenía que andar muchos kilómetros cada estación a través de los campos inundados de arroz, empujando una herramienta para desherbar arriba y abajo entre las hileras y arrancando malas hierbas a mano. Es fácil comprender por qué estos herbicidas fueron recibidos como enviados por el cielo. Mediante la utilización de paja y trébol y la inundación temporal de los campos yo he encontrado una forma simple de controlar las malas hierbas sin recurrir a la pesada labor de desherbar y sin la necesidad de utilizar herbicidas.

Los límites del método científico

Antes de que los investigadores se conviertan en investigadores, deberían convertirse en filósofos. Deberían considerar cuál es la meta humana, qué es lo que la humanidad debe crear. Los médicos deberían primero determinar en su nivel fundamental qué es lo que necesitan los seres humanos para vivir.

Aplicando mis teorías a la agricultura, he estado experimentando la forma de hacer crecer mis cultivos de diferentes maneras, siempre con la idea de desarrollar un método cercano a la naturaleza. Esto lo he hecho eliminando prácticas agrícolas innecesarias. La agricultura científica moderna, por el contrario, no tiene esta visión. La investigación camina desorientada, cada investigador viendo solamente una parte del conjunto de factores naturales que afectan la producción de los cultivos. Más aún, estos factores naturales cambian de un lugar a otro y de año en año. Incluso en la misma parcela, el agricultor debe criar sus cultivos de forma diferente cada año según las variaciones del tiempo, las poblaciones de insectos, las condiciones del suelo y muchos otros factores naturales.

La naturaleza está en cualquier lugar en perpetuo movimiento: las condiciones no son nunca exactamente las mismas de un año a otro. La investigación moderna divide a la naturaleza en pequeños pedazos y realiza experimentos que no se ajustan ni a las leyes naturales ni a la experiencia práctica. Los resultados se ordenan según la conveniencia del investigador, no de acuerdo con las necesidades del agricultor. Creer que estas conclusiones pueden utilizarse con éxito invariable en la parcela del agricultor es un gran error. Recientemente el profesor Tsuno, de la Universidad de Ehime, escribió un extenso libro sobre la relación del metabolismo de la planta con la cosecha de arroz. Este profesor viene a menudo a mis campos, cava unos cuantos agujeros para examinar el suelo, trae estudiantes para medir el ángulo del sol, de la sombra y de lo que él quiera y se lleva muestras al laboratorio para analizarlas.

Yo a menudo le pregunto: «Cuando regrese va a tratar el método de cultivo sin laboreo y siembra directa?».

Riendo me contesta: «No, le dejo a usted las aplicaciones, yo me dedicaré a la investigación». Pues así son las cosas. Tú estudias la función del metabolismo de la planta y su habilidad para absorber nutrientes del suelo, escribes un libro, y obtienes el doctorado en agricultura. Pero no preguntes si tu teoría sobre la asimilación va a ser relevante para incrementar los rendimientos.

Incluso si se puede explicar cómo el metabolismo afecta la productividad de la hoja superior cuando la temperatura media es de 30°C, hay lugares en que la temperatura no es de 30°C en Ehime este año, y el próximo puede ser solamente de 25°C. Decir que simplemente acelerando el metabolismo aumentará la formación de almidón y se obtendrá una gran cosecha, es una enorme equivocación.

La geografía y topografía del lugar, el estado del suelo, su estructura, textura y drenaje, exposición al sol, relaciones con los insectos, la variedad de semilla utilizada y el método de cultivo —verdaderamente una infinita variedad de factores— deben ser considerados. Un método de ensayo científico que tenga en cuenta todos los factores relevantes es imposible.

Se oye hablar mucho estos días sobre los beneficios del «Movimiento del Buen Arroz» y la «Revolución Verde». Pero dado que estos métodos se basan en el cultivo de débiles variedades de semillas «mejoradas» se hace necesario que el agricultor realice ocho o diez tratamientos químicos durante la estación de crecimiento. En poco tiempo el suelo ha sido desposeído de microorganismos y materia orgánica. Se destruye la vida del suelo y los cultivos se vuelven dependientes de los nutrientes añadidos desde el exterior en forma de abonos químicos.

Parece que las cosas van mejor cuando el agricultor utiliza técnicas «científicas», pero esto no significa que la ciencia deba venir al rescate porque la fertilidad natural sea inherentemente insuficiente, sino que significa que el rescate es necesario porque la fertilidad natural ha sido destruida. Esparciendo paja, sembrando trébol y restituyendo todos los residuos orgánicos, el suelo llega a poseer todos los nutrientes necesarios para hacer crecer arroz y cereales de invierno en el mismo campo año tras año. Mediante la agricultura natural, los campos que han sido dañados por el cultivo o el uso de productos químicos agrícolas pueden ser rehabilitados eficientemente.

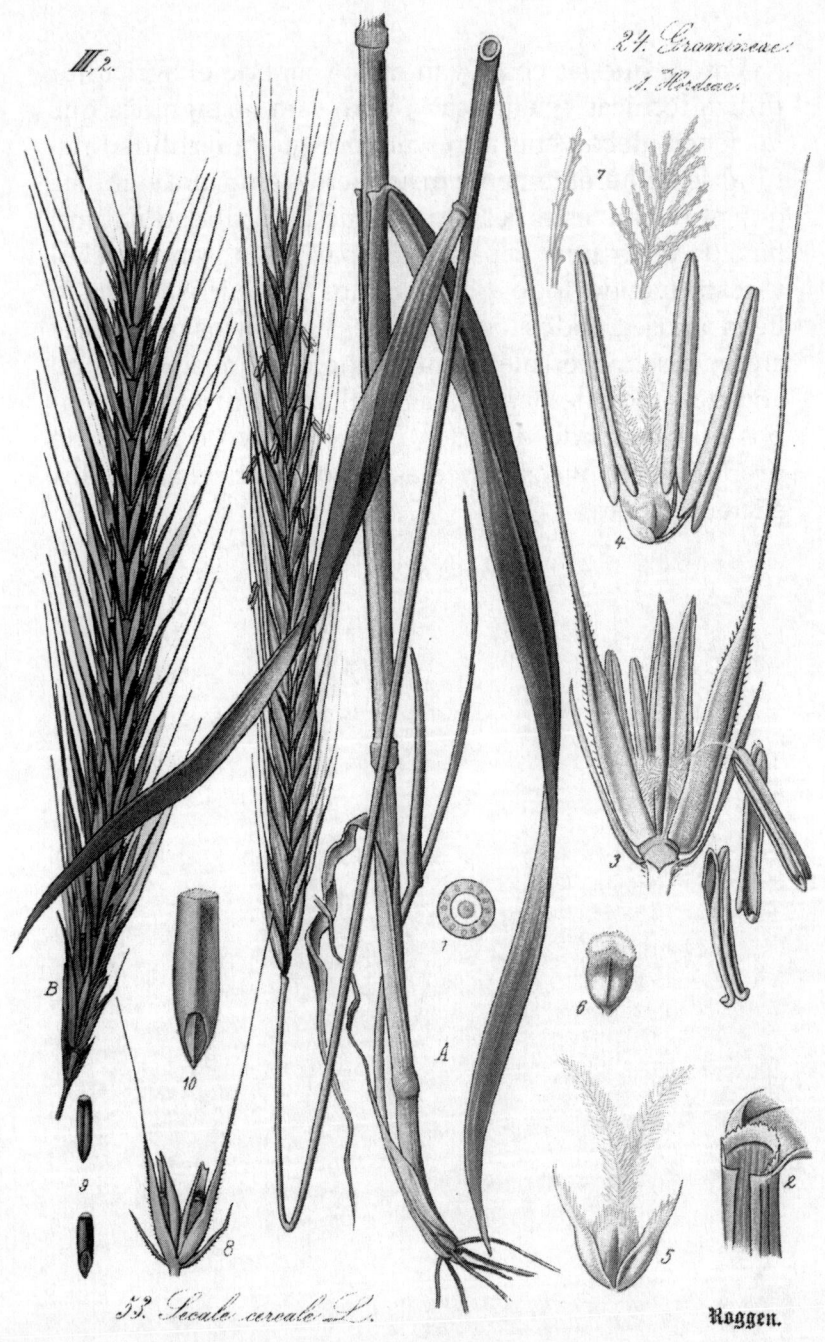

III,2.

24. Gramineae.
A. Hordaeae.

B

A

10

9

8

1

7

4

3

6

5

2

53. Secale cereale L.

Roggen.

III

UN AGRICULTOR HABLA CLARO

Hay mucha preocupación en Japón estos días, y está justificada, sobre el deterioro del medio ambiente y la consiguiente contaminación de los alimentos. Los ciudadanos han organizado boicots y grandes manifestaciones para protestar por la indiferencia de los líderes políticos e industriales.

Pero toda esa actividad, si se lleva a cabo con el presente espíritu, solo es malgastar esfuerzos. Hablar sobre la eliminación de casos específicos de contaminación es lo mismo que tratar los síntomas de una enfermedad mientras la verdadera causa que la origina continúa realizando su infección.

Hace dos años, por ejemplo, con el propósito de discutir sobre la contaminación, fue organizada una conferencia por el Centro de Investigación y Administración Agrícola junto con el Consejo de Agricultura Orgánica y la Cooperativa Nada. El presidente de la conferencia fue el Sr. Terno Ichiraku, que es el presidente de la Asociación Japonesa de Agricultores Orgánicos, y también una de las figuras más poderosas de las Cooperativas Agrícolas gubernamentales. Las recomendaciones de esta asociación sobre el tipo de cultivos y variedades de semillas que deben cultivarse, las cantidades de abono que deben aplicarse y el tipo de pesticidas que deben utilizarse son seguidas por casi la totalidad de los agricultores japoneses. Dado que participaba tal cantidad de gente influyente, yo asistí con la esperanza de que se tomaran decisiones de largo alcance y se pusieran en práctica.

Desde el punto de vista de informar sobre el problema de la contaminación de los alimentos, se podría decir que la conferencia fue un éxito. Pero al igual que otros encuentros, las discusiones degeneraron en una serie de informes altamente técnicos de especialistas y narraciones personales de los horrores de la contaminación en los alimentos. Nadie parecía deseoso de enfocar el problema en su aspecto fundamental. En una discusión sobre el envenenamiento por mercurio del atún, por ejemplo, el representante del Departamento de Pesca habló primero de lo alarmante que era el problema. En aquel tiempo se hablaba diariamente, en la radio y en la prensa, de la contaminación por mercurio, por lo que todos escuchábamos atentamente lo que tenía que decirse al respecto. El conferenciante dijo que el nivel de mercurio en los atunes, incluso en los que habían sido pescados en el Océano Antártico y cerca del Polo Norte, era extremadamente alto. Sin embargo cuando un ejemplar de museo, que había sido pescado hacía varios decenios, fue diseccionado y analizado, este pescado, en contra de lo que se esperaba, también contenía mercurio. Su conclusión experimental sugería que el consumo de mercurio le era necesario al atún para vivir. Las personas de la audiencia se miraban entre sí incrédulas. El propósito de la reunión se suponía que era determinar cómo tratar la contaminación que atacaba el ambiente y tomar medidas para corregirla. En su lugar, allí estaba el representante del Departamento de Pesca diciendo que el mercurio era necesario para la supervivencia del atún.

Esto es lo que quiero expresar cuando digo que la gente no entiende cuál es la raíz de la causa de la contaminación y que solamente la ve desde una perspectiva estrecha y superficial. Me puse de pie y sugerí que conjuntamente estableciésemos, allí y en aquel momento, un plan concreto para tratar la contaminación. ¿No sería mejor hablar honestamente sobre la interrupción del uso de los productos químicos que causan la contaminación? El arroz, por ejemplo, puede cultivarse muy bien sin productos químicos, lo mismo que los cítricos, y tampoco es difícil cultivar las hortalizas de la misma forma.

Les dije que podía hacerse y que yo lo había hecho en mi explotación durante años, pero mientras el gobierno continuase autorizando el uso de productos químicos nadie más intentaría cultivar sin estos productos. Estaban presentes en la reunión miembros del Departamento de Pesca, así como gente del Departamento de Agricultura y Montes y de la Cooperativa Agrícola. Si ellos y el presidente de la conferencia, el Sr. Ichiraku, hubiesen querido que las cosas se pusiesen en marcha y hubiesen sugerido a los agricultores del país que deberían tratar de cultivar arroz sin productos químicos se hubiesen conseguido logros espectaculares.

Había sin embargo un gran problema. Si los cultivos se realizaban sin productos químicos, abonos o maquinaria, las gigantescas compañías serían innecesarias y colapsarían la Agencia de Cooperativas Agrícolas gubernamental. Para exponer las cosas claras, dije que las cooperativas y los legisladores agrícolas actuales dependen de la gran inversión en abonos y maquinaria agrícola para sustentar su poder. Finalizar con el consumo de maquinaria y productos químicos traería consigo un completo cambio de las estructuras económicas y sociales. Por lo tanto, yo no podía ver la forma en que el Sr. Ichiraku, las cooperativas y los funcionarios gubernamentales podían hablar en favor de medidas para acabar con la contaminación.

Cuando hablaba de esa forma, el presidente me dijo: «Sr. Fukuoka, está alterando la conferencia con sus observaciones», cerrándome así la boca. Bien, esto es lo que ocurrió.

Una solución modesta para un problema difícil

Parece que las agencias gubernamentales no tienen intención de detener la contaminación. Una segunda dificultad es que todos los aspectos del problema de la contaminación de los alimentos deben tomarse conjuntamente y solucionarse al mismo tiempo.

Un problema no puede ser resuelto por personas que están preocupadas solamente con una u otra de sus partes. Mientras la conciencia de cada uno de nosotros no se transforme de una manera fundamental la contaminación no cesará.

Por ejemplo, el agricultor piensa que el Mar de las Islas (el pequeño mar entre las islas Honshu, Kyushu y Shikoku) no es de su incumbencia. Creen que se deben ocupar de él los funcionarios del Departamento de Pesca, cuyo trabajo consiste en cuidar los peces, y que debe ser el Consejo del Medio Ambiente el que debe ocuparse de la contaminación de los mares. El problema reside en esta forma de pensar. Los abonos químicos más utilizados, sulfato amónico, urea, superfosfato y similares, se aplican en grandes cantidades, de las cuales solo una pequeña fracción será absorbida por las plantas de los campos. El resto es lixiviado y arrastrado en disolución hacia los manantiales y ríos, algunos desembocando en el Mar de las Islas. Los compuestos nitrogenados se convierten en alimento para el plancton y las algas, los cuales se multiplican en grandes cantidades originando la aparición de la marea roja. Por supuesto los vertidos industriales de mercurio y otros residuos contaminantes también contribuyen a la contaminación, pero la contaminación del agua en el Japón proviene la mayor parte de los productos químicos utilizados en agricultura.

Así que es el agricultor quien debe cargar sobre sus hombros la mayor parte de la marea roja. El agricultor que aplica productos químicos contaminantes en sus campos, las corporaciones que manufacturan estos productos, los funcionarios rurales que creen en la conveniencia de los productos químicos y ofrecen su asesoramiento técnico de acuerdo con ello. Si cada una de estas personas no reflexionan profundamente sobre ello, no habrá solución para el problema de la contaminación del agua.

Tal como ocurre en la actualidad, solamente aquellos que están afectados más directamente son activos en la búsqueda de soluciones a los problemas de la contaminación, como es el caso de la lucha de los pescadores locales contra las grandes compañías petroleras después del vertido de petróleo cerca de Mizushima. O, en su lugar, algún científico propone solucionar el problema abriendo un canal a través de la isla Shikoku para permitir que el agua relativamente limpia del Océano Pacífico fluya hacia el Mar de las Islas.

Este tipo de solución es investigada e intentada una y otra vez, pero de esta forma no aparecerá nunca una solución verdadera. La realidad es que cualquier cosa que hagamos empeora la situación. Cuanto más elaboradas son las contramedidas más se complican los problemas. Supongamos que se construyese una tubería a través de la Isla Shikoku y que se bombease el agua del Pacífico para verterla en el Mar de las Islas. Supongamos que esto puede limpiar el Mar de las Islas.

¿Pero de dónde va a venir la energía eléctrica necesaria para hacer funcionar la fábrica que construiría las tuberías de acero, así como la energía necesaria para bombear el agua? Se necesitaría una central nuclear. Para construirla se necesitaría cemento y toda una serie de materiales, y también tendría que construirse un centro de procesamiento de uranio. Cuando se proponen soluciones de esta índole, solo se ponen las semillas para los problemas de contaminación de segunda y tercera generación, que serán más difíciles de resolver y estarán más extendidos.

Es como el caso del agricultor ambicioso que abre una entrada en el canal de riego demasiado ancha y deja que el agua entre rápidamente en su campo de arroz. Se forma una grieta y el lomo del caballón se deshace y la tierra es arrastrada por el agua. Entonces se hace necesario un trabajo de reforzamiento. Se refuerzan las paredes y se ensancha el canal de riego. El mayor volumen de agua solamente aumenta el peligro potencial y la próxima vez que se debilite el lomo será necesario un mayor esfuerzo para su reconstrucción.

Cuando se toma una decisión para solucionar los síntomas del problema normalmente se asume que las medidas correctivas resolverán el problema en sí mismo. Raramente ocurre así. Los ingenieros no parecen poder asimilar esto en sus cabezas. Estas contramedidas están todas basadas en una definición demasiado estrecha de lo que va mal.

Las medidas y contramedidas humanas proceden de una verdad y un juicio científico limitados. Nunca puede obtenerse de esta forma una solución verdadera.[9]

Mis modestas soluciones, tales como esparcir paja o cultivar trébol, no causan contaminación. Son medidas efectivas porque eliminan el origen del problema. Hasta que se pueda cambiar la fe moderna en las grandes soluciones tecnológicas la contaminación solo puede empeorar.

El fruto de tiempos difíciles

Los consumidores generalmente asumen que ellos no tienen nada que ver con las causas de la contaminación agrícola. Muchos de ellos buscan los alimentos que

---

9   N. del ed. Por «una verdad y un juicio científico limitados», el Sr. Fukuoka se refiere al mundo percibido y construido por el intelecto humano, pues considera que esta percepción está limitada en el entramado definido por sus propias asunciones.

no han sido tratados químicamente. Pero los alimentos tratados químicamente son comercializados preferentemente en respuesta a las preferencias del consumidor. El consumidor exige productos grandes, brillantes, sin defectos y de tamaño regular. Para satisfacer estos deseos se han difundido rápidamente productos químicos que no eran necesarios hace cinco o seis años.

¿Cómo hemos llegado a esta peligrosa situación? La gente dice que no le importa si los pepinos son rectos o torcidos, y que la fruta no tiene necesariamente que ser bonita exteriormente. Pero entra alguna vez en los mercados al por mayor de Tokio si quieres ver cómo el precio responde a las preferencias del consumidor. Cuando la fruta tiene una apariencia algo mejor, entonces obtienes una prima de cinco o diez yenes por libra. Cuando la fruta se clasifica en «pequeña», «mediana» o «grande» el precio por libra puede duplicarse o triplicarse con cada aumento de tamaño.

La predisposición del consumidor a pagar altos precios para los alimentos producidos fuera de la estación también ha contribuido al incremento de la utilización de métodos artificiales de cultivo y la aplicación de productos químicos.

El año pasado las mandarinas Unshu cultivadas en invernaderos para su comercialización en verano (cultivadas al exterior maduran en otoño) alcanzaron precios diez o veinte veces más altos que las mandarinas de la estación. En lugar de 25 a 35 yenes por kilogramo, se pagaron precios escandalosos de 200 o 300 e incluso de 400 yenes/kg Así, si inviertes varios cientos de miles de yenes para instalar el equipo, comprar el combustible para la calefacción y si trabajas las horas extra, puedes obtener un beneficio económico.

Los productos fuera de estación se están convirtiendo en más populares cada día. Para tener mandarinas un mes antes la gente de la ciudad parece estar dispuesta a pagar la fuerte inversión del agricultor en trabajo y equipo. Pero si te preguntas cuán importante es para el ser humano tener esta fruta un mes antes, la verdad es que no tiene ninguna importancia, y el dinero no es el único precio que se paga por esta indulgencia.

Más aún, un agente colorante, que no se utilizaba hace algunos años, ahora está siendo utilizado. Con este producto químico el fruto se colorea totalmente con una semana de anticipación. Dependiendo de que el fruto se venda una semana antes o después del 10 de octubre el precio se duplica o desciende a la mitad, así que el agricultor utiliza productos químicos para acelerar la coloración, y después de la cosecha coloca el fruto en una cámara de maduración para su tratamiento con gas.

Pero cuando el fruto se cosecha temprano, no es lo suficientemente dulce, así que se utilizan edulcorantes artificiales. Generalmente se cree que los edulcorantes químicos han sido prohibidos, pero los edulcorantes artificiales pulverizados en los cítricos no han sido específicamente prohibidos. La cuestión es si caen o no dentro de la categoría de «productos químicos agrícolas». De todas formas, casi todos los agricultores los utilizan. El fruto es entonces llevado a un centro cooperativo de clasificación de frutas. Para poder separar la fruta según tamaño, cada fruto se envía rodando varios cientos de metros a lo largo de cintas transportadoras. Los golpes son frecuentes.

Cuanto mayor es el centro de selección mayores son los golpes y caídas del fruto. Después de un lavado con agua, las mandarinas se pulverizan con conservantes y agentes colorantes. Por último, como toque final, se les aplica una solución de parafina y se pule el fruto hasta conseguir un brillante resplandor. Así, desde el momento en que el fruto ha sido cosechado hasta que se expone en el escaparate de la tienda, se han utilizado cinco o seis productos químicos. Esto sin mencionar los abonos químicos y pulverizaciones con pesticidas que se utilizaron mientras la fruta estaba creciendo en el vergel. Y todo esto porque el consumidor quiere comprar fruta un poco más atractiva. Este pequeño margen de preferencia ha puesto al agricultor en una situación realmente apurada. Estas medidas no se han tomado porque al agricultor le guste trabajar de esta forma, o porque los funcionarios del Ministerio de Agricultura disfruten dando trabajo extra al agricultor, pero hasta que el sentido general de valores no cambie, la situación no mejorará.

Cuando trabajaba en la Oficina de Aduanas de Yokohama, hace cuarenta años, los limones y naranjas Sunkist de Estados Unidos eran tratados de esta forma. Yo me opuse fuertemente a la introducción de este sistema en el Japón, pero mis palabras no pudieron evitar que se adoptasen. Si una explotación agrícola o una cooperativa introduce un nuevo proceso tal como el encerado de las mandarinas, a causa del cuidado y atención extras aumenta el beneficio. Las otras cooperativas agrícolas se enteran y pronto ellas también adoptan el nuevo proceso. La fruta que no ha sido encerada ya no consigue un precio alto. En dos o tres años el encerado se realiza en todo el país. La competencia hace que disminuyan los precios, y todo lo que le queda al agricultor es una pesada carga de trabajo extra y los mayores costes de los suministros y equipos. Ahora él «debe» aplicar la cera.

Desde luego el consumidor sufre como resultado de todo esto. Los alimentos que no son frescos pueden venderse porque tienen la apariencia de serlo. Hablando biológicamente, la fruta en un estado ligeramente arrugado está reteniendo su respiración y consumo de energía al nivel más bajo posible. Es como una persona en meditación: su metabolismo, respiración y consumo de calorías alcanzan un nivel extremadamente bajo. Incluso si ayuna la energía corporal se conservará. De la misma manera, cuando las mandarinas se arrugan, cuando la fruta se encoge, cuando las hortalizas se marchitan, están en un estado que preservará su valor alimenticio durante el mayor tiempo posible. Es un error tratar de mantener la mera apariencia de frescor, como cuando los vendedores rocían con agua sus hortalizas una y otra vez. A pesar de que las hortalizas tienen la apariencia de ser frescas, su sabor y valor nutritivo pronto se deteriora.

En cualquier caso, todas las cooperativas agrícolas y centros de selección cooperativos han sido integrados y ampliados para llevar a cabo estas actividades innecesarias. Esto se denomina modernización. Los productos son embalados y transportados hacia el consumidor a través del gran sistema de distribución.

Para decirlo simplemente, hasta que no haya un giro de 180 grados en el sentido de los valores que se preocupan más por el tamaño y el aspecto que por la calidad, no habrá solución para el problema de la contaminación de los alimentos.

La comercialización de los alimentos naturales

En los últimos años yo he enviado entre 2.500 y 3.000 kg de arroz a las tiendas de productos naturales en varios lugares del país. También he despachado 400 cajas de 16 kg de mandarinas a la asociación de cooperativas de viviendas del distrito de Suginami de Tokio. El presidente de la cooperativa quería vender productos no contaminados y esto formó las bases de nuestro acuerdo.

El primer año fue bastante bien, pero también hubo algunas quejas. El tamaño de la fruta era demasiado variado, el exterior estaba un poco sucio, la piel estaba a veces arrugada, etc. Yo había expedido la fruta en cajas sin marca y hubo algunas personas que sospecharon, sin fundamento, que la fruta solo era una mezcla de «segundas». Ahora embalo la fruta en cajas con la señal de «mandarinas naturales». Dado que la fruta natural puede producirse con menor gasto y esfuerzo, yo razono que debe venderse a precio más bajo. El año pasado en el área de Tokio mi fruta era la más barata de todas. Según muchos vendedores, su sabor era el más delicioso. Sería mejor, desde luego, si la fruta pudiese venderse localmente, eliminando el gasto y el tiempo que implica el transporte, pero aun así el precio era correcto, la fruta estaba libre de productos químicos y tenía buen sabor. Este año se me ha pedido que envíe una cantidad dos o tres veces mayor que la del año pasado.

Aquí se presenta la cuestión de hasta qué punto puede extenderse la venta directa de los productos naturales. Yo tengo cierta esperanza al respecto. Últimamente los productores de fruta tratada químicamente han llegado a un punto en el que deben limitar sus gastos y esto hace que la producción de fruta natural sea ahora más atractiva para ellos. No importa cuán duramente trabaje el agricultor medio aplicando productos químicos, coloreando, encerando, etc.; solamente podrá vender su fruta por un precio que únicamente cubrirá los gastos. Este año, incluso en una explotación con fruta de calidad excepcional, solamente pueden esperar obtener un beneficio de menos de cinco yenes por libra. El agricultor que produzca una fruta de calidad ligeramente inferior acabará no obteniendo ningún beneficio.

Dado que los precios se han hundido en los últimos años, las cooperativas agrícolas y los centros de selección se han vuelto muy estrictos, seleccionando solamente la fruta de mejor calidad. La fruta de inferior calidad no puede ser vendida a los centros de selección. Después de haber pasado todo el día trabajando en el vergel cogiendo las mandarinas, poniéndolas en cajas y llevándolas al edificio de selección, el agricultor debe entonces trabajar hasta las once o las doce de la noche cogiendo de nuevo su fruta, una por una, quedándose solamente aquellas de tamaño y forma perfectas (la fruta rechazada se vende a mitad de precio a una compañía privada para hacer zumos).

Los frutos «buenos» algunas veces solamente promedian el 25 % o el 50 % de la cosecha total, e incluso parte de estos son rechazados por la cooperativa. Si el beneficio que queda es de 5 u 8 yenes por kg, se considera como bastante bueno. El pobre cultivador de cítricos trabaja duro estos días y todavía sigue en un punto en el que solo cubre gastos.

Cultivar fruta sin la utilización de productos químicos, abonos o laboreo del suelo implica menor gasto, por lo que el beneficio neto del agricultor es mayor. La fruta que yo envío está prácticamente sin seleccionar: empaqueto la fruta en cajas, la envío al mercado, me voy temprano a la cama. Los otros agricultores de la vecindad se dan cuenta de que están trabajando muy duro para luego acabar sin nada en sus bolsillos. Está aumentando el sentimiento de que no hay nada raro en cultivar alimentos naturales y los agricultores están listos para cambiar hacia una agricultura sin productos químicos. Pero hasta que los alimentos naturales puedan ser distribuidos localmente, el agricultor medio estará preocupado por no tener un mercado en el cual vender su producto.

En lo que respecta al consumidor, la creencia general ha sido que los alimentos naturales deben ser caros. Si no son caros la gente sospecha que no son productos naturales. Un vendedor me señaló que nadie compraría productos naturales a menos de que se vendiesen a precios elevados. Yo sigo creyendo que los alimentos naturales deberían venderse más baratos que los otros. Hace algunos años se me pidió que enviase la miel recogida en el vergel de cítricos y los huevos de las gallinas de la montaña a una tienda de productos naturales de Tokio. Cuando encontré que el dueño los estaba vendiendo a precios extravagantes, me enfurecí. Sabía que un comerciante que se aprovechaba de sus clientes de esta forma sería capaz de mezclar mi arroz con otro para aumentar su peso, y este arroz también llegaría al consumidor a un precio injusto. Inmediatamente cesé mis envíos a esta tienda.

Si se carga un precio alto por un alimento natural, esto significa que los comerciantes están embolsándose unos beneficios excesivos. Más aún, si los alimentos naturales son caros entonces se convierten en alimentos de lujo y solamente los ricos pueden comprarlos.

Si los alimentos naturales han de convertirse en populares, entonces deben poder obtenerse localmente a un precio razonable. Si solamente el consumidor se ajustase a la idea de que los precios bajos no significan que los alimentos no son naturales, entonces todo el mundo empezaría a pensar en la dirección correcta.

La agricultura comercial fracasará

Cuando por primera vez apareció el concepto de agricultura comercial, yo me opuse. La agricultura comercial en el Japón no es rentable para el agricultor. Entre los comerciantes, la regla es que si un artículo que originariamente cuesta un determinado precio se elabora un paso más, se añade un valor extra cuando el artículo se vende. Pero en la agricultura japonesa esto no es tan simple.

Abonos, piensos, maquinaria y productos químicos se compran a precios fijados en el exterior, y no hay forma de saber cuál será su coste unitario cuando se usen estos productos importados. Está completamente en manos de los mercaderes. Y con los precios de venta también fijados, los ingresos del agricultor están a merced de fuerzas que escapan a su control. En general la agricultura comercial está en una posición inestable. El agricultor haría mucho mejor en cultivar los alimentos que necesita sin pensar en ganar dinero.

Si plantas un grano de arroz se convierte en más de mil granos. Una hilera de nabos puestos en adobo bastan para todo el invierno. Si sigues esta línea de pensamiento tendrás suficiente para comer, más que suficiente sin tener que luchar. Pero si en lugar de ello te decides a tratar de ganar dinero, entonces subes a bordo del tren del beneficio y este se aleja contigo dentro. He estado pensando últimamente en las gallinas *leghorn* blancas. Debido a que la variedad mejorada de *leghorn* pone durante más de 200 días al año, el criarlas para obtener beneficios se considera un buen negocio. Cuando se crían comercialmente, estas gallinas se encierran en pequeñas jaulas, que se colocan en largas hileras no muy diferentes a las celdas de una penitenciaría, y nunca en su vida se les permite tocar el suelo con sus patas. Son frecuentes las enfermedades, por lo que se les atiborra con antibióticos y se las alimenta con piensos llenos de vitaminas y hormonas. Se dice que las gallinas locales que han sido criadas desde tiempos remotos, las gallinas marrones negras *shano* y *chabo*, ponen solamente la mitad de huevos. Como resultado todas estas aves han desaparecido prácticamente del Japón. Yo solté dos gallinas y un gallo en la montaña y al cabo de un año había veinticuatro. Cuando parecía que ponían pocos huevos, las gallinas locales estaban ocupadas criando sus pollitos.

Durante el primer año la *leghorn* pone un número de huevos mayor que las gallinas locales, pero después de un año está exhausta y es desechada, mientras que la shano con la que empezamos se ha convertido en diez saludables polluelos correteando bajo los árboles del vergel. Más aún, las *leghorn* ponen abundantemente porque se crían con alimentos enriquecidos artificialmente, que se importan del exterior y deben ser comprados a los comerciantes. Las aves locales escarban en los alrededores y se alimentan libremente con semillas e insectos del lugar, poniendo deliciosos huevos naturales.

Si crees que las hortalizas comerciales son un producto de la naturaleza, puedes llevarte una gran sorpresa. Estas hortalizas son una mezcla química de agua, nitrógeno, fósforo y potasio, con un poco de ayuda por parte de la semilla. Y esto es justamente a lo que saben los huevos comerciales (puedes llamarles huevos si lo deseas), no son nada más que una mezcla de alimento sintético, productos químicos y hormonas. Esto no es un producto de la naturaleza, sino un producto sintético hecho por el hombre con forma de huevo. Al agricultor que produce hortalizas y huevos de este tipo yo le llamo fabricante. Ahora, si es fabricación de lo que se habla, tendrás que hacer maravillas con los números si quieres obtener algún beneficio. Ya que el agricultor comercial no está ganando dinero, es como un mercader que no sabe sumar. Este tipo de persona es considerado como un tonto por las otras personas y sus beneficios son absorbidos por políticos y vendedores. En los tiempos antiguos había guerreros, agricultores, artesanos y mercaderes. Se decía que la agricultura estaba más cerca del origen de las cosas que el comercio o la artesanía, al agricultor se le consideraba el «copero de los dioses». Siempre era capaz de sobrevivir de una forma u otra y de tener suficiente para comer.

Pero ahora hay una gran conmoción para ganar dinero. Se cultivan productos de moda tales como uvas, tomates y melones. Se producen flores y fruta fuera de estación en invernaderos. Se ha introducido la cría de pescado y se cría ganado porque los beneficios son altos. Este modelo muestra claramente lo que ocurre cuando la agricultura se monta en el vagón de las montañas rusas. Las fluctuaciones de los precios son violentas. Hay beneficios, pero también hay pérdidas. La bancarrota es inevitable. La agricultura japonesa ha perdido su rumbo y se ha convertido en inestable. Se ha desviado de los principios básicos de la agricultura y se ha convertido en un negocio.

¿A quién beneficia la investigación?

Cuando empecé a practicar la siembra directa de arroz y cereal de invierno, planeaba segarlo con una hoz, así que pensé que sería más conveniente sembrar en líneas regulares. Después de muchas tentativas, haciendo chapuzas como un aficionado, fabriqué una sembradora de mano. Pensando que esta herramienta podría ser útil a otros agricultores, se la llevé al encargado del centro de investigación. Me dijo que, dado que estábamos en la era de la gran maquinaria, no podía perder el tiempo con mi «máquina». A continuación fui a un fabricante de maquinaria agrícola. Me dijo que una máquina tan simple, por mucho que se pudiera ganar con ella, no podía ser vendida por más de 350 yenes la pieza. «Si construyésemos un aparato como este, los agricultores podrían pensar que no necesitan los tractores que les vendemos por cientos de miles de yenes». Él me dijo que la idea actual era inventar rápidamente sembradoras de arroz, venderlas durante tanto tiempo como fuese posible y entonces introducir algo nuevo. En lugar de pequeños tractores ellos querían ir hacia modelos de gran tamaño, por lo que mi herramienta era para ellos dar un paso atrás.

Para satisfacer las demandas de los tiempos actuales los recursos fluyen hacia investigaciones sin sentido, y hasta la fecha mi patente permanece en un archivo. Es lo mismo con el abono y los productos químicos. En lugar de desarrollar el abonado pensando en el agricultor, el énfasis está en desarrollar algo nuevo, cualquier cosa, para poder ganar dinero. Después de que los técnicos abandonan sus trabajos en los centros de investigación, van directamente a trabajar para las grandes compañías agroquímicas.

Recientemente estuve hablando con el Sr. Asada, un funcionario técnico del Ministerio de Agricultura y Montes, el cual me contó una interesante historia. Las hortalizas cultivadas en invernaderos son extremadamente insípidas. Oyendo que las berenjenas vendidas en invierno no tienen vitaminas y que los pepinos no tienen sabor, él investigó la causa y encontró el motivo: algunas de las radiaciones solares no podían penetrar las cubiertas de vinilo y plástico bajo las cuales se cultivaban los vegetales. Su investigación se dirigió hacia el sistema de iluminación dentro de los invernaderos.

La pregunta fundamental aquí es si es o no necesario para los seres humanos comer berenjenas y pepinos durante el invierno. Pero, dejando aparte esta cuestión, la única razón por la que son cultivadas en invierno es porque pueden ser vendidas a buen precio. Alguien desarrolla la técnica para cultivarlas, y al cabo de cierto tiempo se encuentra que estas hortalizas no tienen valor alimenticio. A continuación, el técnico piensa que si se pierden los nutrientes se debe desarrollar algún método para prevenir esta pérdida.

Dado que el problema parece estar en el sistema de iluminación, el técnico comienza a investigar sobre los rayos solares. Él cree que todo irá bien si puede producir una berenjena de invernadero con vitaminas. Me dijeron que hay algunos técnicos que dedican toda su vida a este tipo de investigación.

Naturalmente, dado que tan grandes esfuerzos y medios se han dedicado a la producción de berenjenas, y como se dice que esta hortaliza tiene alto valor alimenticio, se etiqueta a un precio todavía más alto y se vende bien. «Si produce beneficios y se puede vender, no debe haber nada malo en ello.» No importa cuán duramente se esfuercen, esta gente no podrá superar a las frutas y hortalizas cultivadas naturalmente.

Los alimentos producidos de una manera antinatural satisfacen los deseos pasajeros de las personas pero debilitan el cuerpo humano y alteran su bioquímica, haciéndolo dependiente de este tipo de alimento. Cuando esto ocurre, se hacen necesarios los complementos vitamínicos y los medicamentos. Esta situación solamente crea fatiga para el agricultor y sufrimiento para el consumidor.

¿Qué es el alimento humano?

El otro día vino alguien del canal NHK de televisión y me pidió que dijese algo sobre el sabor de los alimentos naturales. Estuvimos hablando y entonces le pedí que comparase los huevos que ponían las gallinas del corral debajo del nuestro con los de las gallinas que arriba correteaban libremente en el vergel. Encontró que las yemas de los huevos puestos en el típico corral eran blandas y acuosas, de un color amarillo pálido. Asimismo observó que las yemas de los huevos puestos por las gallinas que vivían libres en la montaña eran firmes y elásticas, de color naranja brillante. Cuando el anciano que rige el restaurante «sushi» de la ciudad probó uno de estos huevos naturales dijo que esto era un huevo «de verdad», igual que los de antaño, y se regocijó como si fuese un valioso tesoro.

De nuevo, arriba en el vergel de mandarinos, hay muchas hortalizas creciendo entre las malas hierbas y el trébol. Remolachas, bardanas, pepinos, calabazas, cacahuetes, zanahorias, crisantemos comestibles, patatas, cebollas, mostaza de hoja, coles, varias variedades de judías, y muchas otras hierbas y hortalizas que crecen juntas. La conversación se centró en si estas hortalizas que habían sido cultivadas de una forma seminatural, tenían mejor sabor que aquellas cultivadas en los huertos familiares o en plan extensivo con ayuda de abonos químicos. Cuando nosotros las comparamos el sabor era completamente diferente y llegamos a la conclusión de que las hortalizas «salvajes» tenían un sabor superior. Le dije al periodista que cuando las hortalizas se cultivan en un campo preparado con el uso de abonos químicos se les aporta nitrógeno, fósforo y potasa, pero cuando las hortalizas se cultivan bajo una cobertura vegetal natural en un suelo naturalmente rico en materia orgánica, entonces obtienen una dieta más equilibrada de nutrientes.

Una gran variedad de hierbas y plantas significa que una mayor variedad de nutrientes esenciales y micronutrientes quedan a disposición de las hortalizas. Las plantas que son cultivadas en un suelo equilibrado de tal manera, tienen un sabor más penetrante. Las hierbas comestibles y las hortalizas silvestres, las plantas que crecen en la montaña y en la pradera son muy ricas en valor alimenticio y muy útiles en medicina. La alimentación y la medicina no son dos cosas diferentes: juntas forman la cara y la cruz de una moneda. Las hortalizas cultivadas químicamente pueden ser consumidas como alimento, pero no pueden ser utilizadas como medicina.

Cuando recoges y comes las siete plantas de la primavera (berro, bolsa de pastor, nabo silvestre, algodonosa, alsina, rábano silvestre, ortiga de abeja) tu espíritu se vuelve apacible. Y cuando comes brotes de helecho «osmund» y bolsa de pastor se vuelve calmado. Para calmar sentimientos de inquietud e impaciencia, la bolsa de pastor es la mejor de todas. Se dice que si los niños comen bolsa de pastor, yemas de sauce o insectos que viven en los árboles se curan los excesos violentos de cólera y sollozos, y antiguamente se hacía a menudo que los niños los comieran.

El «daikon» (rábano japonés) tiene como antecesor a la planta llamada «nazuna» (bolsa de pastor), y la palabra «nazuna» está relacionada con la palabra «nagomu», que significa ser ablandado. «Daikon» es «la hierba que ablanda la disposición de uno mismo». Entre los alimentos naturales a menudo se ignoran los insectos. Durante la guerra, cuando trabajaba en el centro de investigación, se me designó para que investigase cuáles de los insectos que vivían en el Sureste Asiático podían comerse.

Cuando investigué este particular descubrí asombrado que casi cualquier insecto es comestible. Por ejemplo, nadie pensaría que los piojos o las pulgas pueden ser útiles para algo, pero los piojos triturados y comidos mezclados con cereal de invierno son un remedio para la epilepsia, y las pulgas son un remedio para las congelaciones. Todas las larvas de insectos son bastante comestibles, pero deben estar vivas. Buscando en textos antiguos encontré historias relacionadas con «manjares» preparados con larvas de mosca de estercolero, y el sabor del familiar gusano de seda se decía que era exquisito sin comparación. Incluso las polillas, si primero se les sacude el polvo que cubre sus alas, son muy sabrosas.

Así, ya sea desde el punto de vista del sabor o de la salud, muchas cosas que la gente considera repulsivas son realmente bastante sabrosas y saludables para el cuerpo humano. Las hortalizas que biológicamente están más cercanas a sus antepasados silvestres son las mejores en sabor y las de valor alimenticio más alto. Por ejemplo, en la familia de las liliáceas (que incluye el «nira», el ajo, el puerro chino y los distintos tipos de cebolla), el «nira» y el puerro chino son los más alimenticios, son buenos como plantas medicinales, y también útiles como tónicos para el buen funcionamiento general del cuerpo. Sin embargo, para la mayoría de la gente las variedades más domésticas de cebollas son las más apreciadas. Por algún motivo la gente moderna prefiere el sabor de las hortalizas que se han alejado de su estado silvestre.

Una preferencia similar con respecto al sabor se aplica a los alimentos de origen animal. Cuando se comen aves silvestres, son mucho mejores para el cuerpo que las aves de corral, tales como las gallinas y los patos, e incluso estas aves criadas en un ambiente muy distinto del suyo natural, se consideran de buen sabor y se venden a altos precios. La leche de cabra tiene un valor alimenticio mayor que la leche de vaca, pero es esta última la que tiene mayor demanda. Los alimentos que están muy alejados de su estado salvaje y aquellos obtenidos con productos químicos en un ambiente completamente controlado, desequilibran la bioquímica del cuerpo. Cuanto más desequilibrado está el cuerpo mayor es el deseo de consumir alimentos no naturales. Esta situación es peligrosa para la salud.

Es engañoso decir que lo que se come es solamente un asunto de preferencia, porque una dieta no natural o exótica oprime al agricultor y también al pescador. Me parece a mí que cuanto mayores son los deseos de una persona más tiene que trabajar para satisfacerlos. Algunos peces tales como el popular atún y el «yellow-tail» deben pescarse en aguas distantes, pero la sardina, el besugo, el lenguado y otros peces pequeños pueden pescarse en gran abundancia en el Mar de las Islas.

Hablando nutricionalmente, los seres que viven en ríos y riachuelos de aguas dulces tales como las carpas limneas, cangrejos de río y pantano, etc., son mejores para el cuerpo que sus equivalentes de agua salada. A continuación vienen los peces de aguas saladas poco profundas y finalmente los peces de mares profundos o distantes. Los alimentos que se encuentran más cercanos son los mejores para los seres humanos, y los alimentos por los que tiene que luchar para su obtención son los menos beneficiosos de todos. Esto quiere decir que si uno acepta lo que tiene al alcance de su mano, todo va bien. Si los agricultores que viven en esta aldea comen solamente los alimentos que pueden ser cultivados y cosechados aquí no cometerán errores.

Al final, al igual que el grupo de jóvenes que viven en las cabañas arriba en el vergel, encontrará que es más fácil comer arroz, cebada, mijo y trigo sarraceno integrales, junto con las hortalizas de la estación y plantas semisalvajes; todo esto es asombroso y saludable para el cuerpo.

Si se cosechan 500 kg de arroz y 500 kg de cereal de invierno en un campo de 0,1 ha tal como uno de estos, entonces esta superficie alimentará de cinco a diez personas cada una invirtiendo una media de menos de una hora de trabajo diaria. Pero si el campo se convirtiese en un pasto o si el cereal se utilizase para alimentar al ganado solamente se podría alimentar a una persona con 0,1 ha. La carne se convierte en un alimento de lujo cuando su producción requiere tierra que podría proveer directamente alimentos para el consumo humano (en Japón prácticamente no existen pastos y el ganado debe alimentarse a base de piensos, importados la mayoría de EEUU, y también se importa la mayor parte de la carne).

Esto se ha demostrado clara y definitivamente. Cada persona podría ponderar con serenidad cuántas penalidades está causando por permitirse un alimento tan caro de producir. La carne y otros alimentos importados son lujos porque requieren más energía y recursos que las hortalizas y cereales tradicionales producidos localmente. De esto se deduce que la gente que se limita a una dieta local simple necesita trabajar menos y utilizar menos tierra que aquellos con apetencia por manjares de lujo.

Si la gente continúa comiendo carne y alimentos importados, dentro de diez años el Japón caerá en una crisis alimenticia. Dentro de 30 años la escasez será abrumadora. De algún lugar ha partido la absurda idea de que el cambio de una dieta basada en el arroz a otra basada en el pan indica una mejora en la vida diaria de los japoneses. En realidad no es así. El arroz integral y las hortalizas pueden parecer alimentos rústicos, pero es la mejor dieta nutricional y permite a los seres humanos vivir sencilla y directamente. Si llegamos a una crisis alimenticia, no estará basada en la insuficiencia del poder productivo de la naturaleza sino en la extravagancia del deseo humano.

Una muerte compasiva para la cebada

Hace cuarenta años, como resultado del aumento de la hostilidad política entre Estados Unidos y Japón, se hizo imposible importar trigo de América. Había una campaña general en todo el país para cultivar aquí el trigo.

Las variedades de trigo americano que se utilizaban requerían un largo periodo de crecimiento y finalmente el grano maduraba en medio de la estación de lluvias del Japón. Incluso a pesar de que el agricultor hubiese pasado grandes penalidades para hacer crecer el trigo, a menudo este se pudría durante la cosecha.

Estas variedades probaron ser de muy poca confianza y muy susceptibles a contraer enfermedades, así que los agricultores no quisieron cultivar trigo. Cuando se molía y horneaba de la manera tradicional, el gusto era tan terrible que casi te atragantaba, había que escupirlo.

Las variedades tradicionales japonesas de centeno y cebada podían ser cosechadas en mayo antes de la estación de las lluvias, así que comparativamente eran cultivos seguros. De todas formas se imponía a los agricultores el cultivo del trigo. Todo el mundo se mofaba, decía que no había nada peor que cultivar trigo, pero pacientemente siguieron las directrices del gobierno.

Después de la guerra se importó de nuevo trigo americano en grandes cantidades, causando la caída del precio del trigo cultivado en el Japón. Esto se sumó a muchas otras razones para acabar con el cultivo del trigo. «¡Abandonemos el trigo! ¡abandonemos el trigo!», era el eslogan difundido a través de toda la nación por los líderes agrícolas del gobierno, y los agricultores abandonaron contentos su cultivo. Al mismo tiempo, a causa del bajo precio del trigo importado el gobierno animó a los agricultores a que abandonasen el cultivo de los cereales tradicionales de invierno: centeno y cebada. Esta política se llevó a cabo y los campos del Japón se dejaron en barbecho durante el invierno.

Hará unos diez años, fui escogido para representar a la Prefectura de Ehime en el concurso televisivo de la NHK: «El Agricultor Modelo del Año». En esta fecha me preguntó un miembro del comité de selección: «Sr. Fukuoka, ¿por qué no abandona el cultivo de centeno y cebada?». Yo respondí: «La cebada y el centeno son plantas fáciles de cultivar, y cultivándolas en sucesión con el arroz nosotros podemos producir el mayor número de calorías en los campos japoneses. Esta es la razón por la cual no los he abandonado». Se expuso claramente que alguien que tan tercamente va contra los deseos del Ministerio de Agricultura no puede ser nombrado «Agricultor Modelo», por lo que les dije: «Si esto es lo que impide que gane el premio de Agricultor Modelo entonces estoy mucho mejor sin él». Uno de los miembros del comité de selección me dijo más tarde: «Si yo tuviese que dejar la universidad y convertirme en agricultor probablemente practicaría la misma agricultura que usted: cultivaría arroz en verano y centeno o cebada durante el invierno cada año, como antes de la guerra».

Poco después de este episodio, aparecí en una mesa redonda de la televisión NHK con varios profesores universitarios, donde de nuevo se me preguntó: «Por qué no abandona el cultivo de centeno y cebada?». Yo respondí de nuevo, muy claramente, que no lo dejaba porque tenía una docena de buenas razones para continuarlos. En aquellas fechas, el eslogan para abandonar el cultivo de los cereales de invierno proclamaba «una muerte compasiva». Esto es, la práctica de cultivar cereal de invierno después del cultivo de arroz debería desaparecer pacíficamente. Pero «muerte compasiva» es un término demasiado suave: el Ministerio de Agricultura realmente quería que muriese en el arroyo. Cuando vi claramente que el propósito principal del programa era promover un final rápido al cultivo de los cereales de invierno abandonándolos «muertos en medio de la carretera», por decirlo de alguna manera, exploté de indignación.

Hace cuarenta años, la propaganda era para cultivar trigo, un cereal exótico, un cultivo inútil e imposible. Entonces se decía que las variedades japonesas de centeno y cebada no tenían la misma calidad alimenticia que el cereal americano, por lo que los agricultores debían abandonar el cultivo de los cereales tradicionales. A medida que aumentaba a saltos el nivel de vida se corrió la voz de que había que comer huevos, beber leche y cambiar el arroz por el pan. El maíz, la soja y el trigo se importaban en cantidades crecientes. El trigo americano era barato, así que se abandonó el cultivo del centeno y la cebada nativos. La política agraria japonesa consistió en medidas que forzaron a los agricultores a tomar trabajos eventuales en las ciudades, para que así se pudiesen comprar los productos que se les había dicho que no cultivasen.

Y ahora, una nueva preocupación se ha originado ante la escasez de alimentos. Se vuelve de nuevo a abogar por la autosuficiencia en la producción de centeno y cebada. Dicen incluso que darán subsidios. Pero no basta cultivar de nuevo los cereales de invierno tradicionales para volver a abandonarlos al cabo de unos cuarenta años. Se debe establecer una política agraria consecuente. Debido a que en primer lugar el Ministerio de Agricultura no tiene una idea clara de lo que se debe cultivar, y porque no comprende la conexión entre lo que se cultiva en los campos y la dieta de las personas, una política agraria coherente sigue siendo imposible.

Si los funcionarios del Ministerio de Agricultura fuesen a las montañas y a las praderas, recogiesen las siete plantas de primavera y las siete plantas de otoño (campanilla china, kudzu, valerianácea, trébol arbustivo, clavel orlado silvestre, la fujibakama, hierba pampa japonesa) y las probaran, entonces comprenderían cuál es el origen del alimento humano.

Si ellos investigasen más profundamente verían que se puede vivir bastante bien alimentándose de cultivos domésticos tradicionales tales como arroz, centeno, cebada, trigo sarraceno y hortalizas, y podrían decidir que simplemente esto es todo lo que la agricultura japonesa necesita cultivar. Si esto es todo lo que los agricultores tienen que cultivar, entonces su trabajo resulta fácil.

Hasta la fecha, la línea de pensamiento de los economistas modernos ha sido que la agricultura autosuficiente está equivocada: la consideran un tipo de agricultura primitiva y debe ser eliminada tan rápidamente como sea posible. Se dice que la superficie de cada campo se debe incrementar para realizar el cambio a la agricultura extensiva, según el modelo norteamericano. Este tipo de pensamiento no se aplica solamente a la agricultura, el desarrollo en todas las áreas se mueve en esta dirección. La finalidad es tener solamente unas pocas personas trabajando en la agricultura. Las autoridades agrícolas dicen que menos gente, utilizando maquinaria potente y moderna, puede obtener mayores rendimientos por persona. Esto se considera como progreso en agricultura.

Después de la guerra, entre el 70 % y el 80 % de los habitantes del Japón eran agricultores. Esto rápidamente cambió al 50 %, luego al 30 % y al 20 %, y ahora la cifra es de alrededor del 14 %. Es la intención del Ministerio de Agricultura alcanzar el mismo nivel que en Europa y América, manteniendo a menos del 10 % de la población en la agricultura y desanimando al resto. En mi opinión, si el 100 % de la población fuesen agricultores, sería ideal. Hay justamente 0,1 ha de tierra arable por cada persona en Japón. Si a cada individuo se le diese 0,1 ha, esto es, 0,5 ha para una familia de cinco personas, esta superficie sería más que suficiente para mantener una familia durante todo el año.

Si se practicase la agricultura natural, un agricultor tendría también tiempo más que suficiente para el descanso y actividades sociales dentro de la comunidad de la aldea. Yo creo que este es el camino más directo para hacer de este país una tierra feliz.

Simplemente sirve a la naturaleza y todo irá bien

La extravagancia de los deseos es la causa fundamental que ha conducido al mundo a su difícil situación actual. Rápido mejor que lento, más mejor que menos, este «desarrollo» superficial está directamente relacionado con el colapso inminente de la sociedad. Solamente ha servido para separar al hombre de la naturaleza. La

humanidad debe detener el fomento del deseo de pose-
siones materiales y ganancias personales y moverse en
su lugar hacia el conocimiento espiritual.

La agricultura debe evolucionar de las grandes explotaciones mecanizadas hacia las pequeñas explotaciones
apegadas solamente a la vida en sí misma. A la vida
material y a la dieta se les debe dar un lugar simple. Si
se hace esto, el trabajo se hace agradable y el descanso
espiritual se vuelve abundante. Cuanto más aumenta
el agricultor su escala de operaciones más se disipa su
cuerpo y espíritu y más se aleja de una vida espiritualmente satisfactoria. Una vida practicando la agricultura
a pequeña escala puede parecer primitiva, pero viviendo
una vida de este tipo se hace posible contemplar el Gran
Camino (el camino de sabiduría espiritual que implica
atención y cuidado en las actividades ordinarias de la
vida diaria).

Yo creo que si uno examina a fondo su propio entorno y el mundo cotidiano en el que vive, le será revelado
el mayor de los mundos. Al final del año, el agricultor
de antaño con 0,5 ha pasaba enero, febrero y marzo ca-
zando conejos en las montañas. A pesar de que se le
llamaba agricultor pobre, todavía tenía este tipo de libertad. La fiesta de Año Nuevo duraba cerca de tres meses.
Gradualmente estas vacaciones se redujeron a dos meses,
un mes, y ahora el Año Nuevo es una fiesta de tres días.

El acortamiento de la fiesta de Año Nuevo indica
cuán ocupado está el agricultor, cómo ha perdido su serenidad física y su felicidad espiritual. No hay tiempo
en la agricultura moderna para que un agricultor escri-
ba un poema o componga una canción. El otro día me
sorprendió el notar, mientras estaba limpiando el altar
de la aldea, que hubiera algunas placas colgadas en la

pared. Cepillando el polvo y mirando a las deslustradas tenues letras, pude llegar a leer docenas de poemas haiku. Incluso en una pequeña aldea como esta, veinte o treinta personas habían compuesto haikus y los habían presentado como ofrendas. Esto señala cuántas posibilidades tenía la gente en sus vidas en los tiempos antiguos. Algunos de los versos deben tener varios siglos. Ya que hace tanto tiempo de esto, ellos eran probablemente agricultores pobres, pero todavía tenían tiempo libre para escribir haikus.

Ahora no hay nadie en esta aldea con suficiente tiempo para escribir una poesía. Durante los fríos meses de invierno, solamente unos cuantos aldeanos pueden encontrar tiempo suficiente para salir un día o dos a cazar conejos. Ahora, para el descanso la televisión es el centro de atención, y no hay tiempo en absoluto para los pasatiempos que enriquecían la vida diaria del agricultor. Esto es lo que quiero expresar cuando digo que la agricultura se ha convertido en algo espiritualmente pobre y débil; solamente se preocupa del desarrollo material.

Lao Tse, el sabio taoísta, dice que una vida plena decente puede vivirse en una pequeña aldea. Bodhidharma (Buda), el fundador del zen, se pasó nueve años viviendo en una cueva. Preocuparse por hacer dinero, expandir, desarrollar, hacer cultivos comerciales y venderlos, no es el camino del agricultor. Estar aquí, atendiendo un pequeño campo, en completa posesión de la libertad y plenitud de cada día, todos los días, este debe de haber sido el camino original de la agricultura. Partir la experiencia por la mitad y denominar una mitad física y la otra espiritual es limitante y confuso. La gente no vive dependiendo de la comida. En el fondo no podemos saber lo que es la comida. Sería incluso mejor si la gente parase de pensar en la comida.

De la misma forma estaría bien si la gente dejase de preocuparse por descubrir el «verdadero significado de la vida»: nosotros no podemos saber nunca las respuestas a las grandes cuestiones espirituales, pero está bien el no entenderlas. Hemos nacido y estamos viviendo en la tierra para enfrentarnos directamente a la realidad del vivir. El vivir no es más que el resultado de haber nacido. Ya sea que la gente coma para vivir, o que piense que debe comer para vivir, esto no es nada más que algo que ellos han pensado. El mundo existe de tal forma que si la gente pusiese de lado su voluntad humana y en su lugar fuese guiado por la naturaleza, no habría razón para esperar pasar hambre. Justamente vivir aquí y ahora, este es el verdadero fundamento de la vida humana. Cuando un ingenuo conocimiento científico se convierte en el fundamento de la existencia, la gente comienza a vivir como si solamente dependiera de azúcares, grasas y proteínas; y las plantas, de nitrógeno, fósforo y potasio.

Y los científicos, no importa cuánto investiguen la naturaleza, no importa cuán lejos vayan con la investigación, solamente llegan a darse cuenta al final de cuán perfecta y misteriosa es realmente la naturaleza. Creer que mediante la investigación y la invención la humanidad puede crear algo mejor que la naturaleza es una ilusión. Yo creo que la gente está luchando por llegar a conocer lo que se podría denominar la vasta incomprensibilidad de la naturaleza. Así que el lema para el agricultor en su trabajo es: sirve a la naturaleza y todo irá bien. La agricultura fue antaño un trabajo sagrado. Cuando la humanidad se apartó de su ideal, apareció la moderna agricultura comercial. Cuando el agricultor comenzó a hacer cultivos para ganar dinero, entonces olvidó los verdaderos principios de la agricultura.

Desde luego el comerciante tiene un papel que jugar en la sociedad, pero la glorificación de las actividades mercantiles tiende a conducir a la gente lejos de un reconocimiento del verdadero origen de la vida. La práctica de la agricultura, por ser una ocupación que tiene lugar en la naturaleza, está cerca de su origen. Muchos agricultores son inconscientes de la naturaleza incluso aunque vivan y trabajen en ambientes naturales, pero me parece a mí que la práctica de la agricultura ofrece muchas oportunidades para un mayor conocimiento de esta.

«Si el otoño traerá viento o lluvia, yo no puedo saberlo, pero hoy estaré trabajando en los campos.»

Esta es la letra de una vieja canción popular que expresa la verdad de la agricultura como un medio de vida. No importa el resultado de la cosecha, ni si habrá suficiente o no para comer, ya que hay alegría en el hecho de sembrar y de cuidar tiernamente las plantas bajo la dirección de la naturaleza.

Varias escuelas de agricultura natural

Particularmente no me gusta la palabra «trabajo». Los seres humanos son los únicos animales que tienen que trabajar y yo creo que esta es la cosa más ridícula del mundo. Otros animales subsisten simplemente viviendo, pero la gente trabaja como loca, pensando que debe hacerlo para poder estar viva. Cuanto más grande es el trabajo y mayor el desafío más maravilloso creen que es. Sería bueno abandonar esta forma de pensamiento y vivir una vida fácil, confortable, con mucho tiempo libre. Yo creo que esta es la vida de los animales en los trópicos, saliendo por la mañana y al anochecer para ver si hay algo que comer, y tomando una larga siesta por la tarde; debe ser una vida maravillosa. Para los seres humanos una vida con esta simplicidad sería posible si uno trabajase para producir directamente sus necesidades diarias. En este tipo de vida, el trabajo no es trabajo como la gente generalmente lo considera, sino simplemente hacer lo que necesita ser hecho.

Mi finalidad es mover las cosas en esta dirección. Es también la meta de siete u ocho jóvenes que viven comunitariamente en las cabañas de la montaña y ayudan en los trabajos agrícolas. Estos jóvenes quieren convertirse en agricultores, establecer nuevas aldeas y comunidades y dar una oportunidad a este tipo de vida. Ellos vienen a mi casa para aprender las habilidades prácticas sobre agricultura que necesitarán para llevar a cabo este plan.

Si miras a través del país te darás cuenta de que bastantes comunas han aparecido recientemente. Si son llamadas congregaciones de hippies, bien, podrían también ser vistas de esta forma, creo yo. Pero subsistiendo y trabajando juntos, encontrando el camino de regreso a la naturaleza, ellos son el modelo del nuevo agricultor.

Ellos comprenden que para llegar a enraizar firmemente deben vivir de los productos de su propia tierra. Una comunidad que no puede lograr producir su propio alimento no puede durar mucho tiempo. Muchos de estos jóvenes viajan a la India o a la aldea Gandhi de Francia, pasan algún tiempo en un kibutz en Israel, o visitan comunas en las montañas y desiertos del Oeste de Estados Unidos. Están aquellos a quienes les gusta el grupo de la isla Suwanosa, en el archipiélago Tokara al Sur del Japón, que prueban nuevas formas de vida familiar y experimentan la intimidad de las formas tribales.

Yo creo que el movimiento de este puñado de gente está liderando el camino que conduce a un tiempo mejor. Es entre esta gente que la agricultura natural está arraigando rápidamente y ganando fuerza. Además varios grupos religiosos han comenzado a adoptar la agricultura natural. Buscando la esencia de la naturaleza humana, no importa el camino que se siga, se debe empezar teniendo en cuenta la salud. El sendero que conduce al correcto conocimiento implica vivir cada día rectamente, y cultivar y alimentarse con productos sanos, naturales. De ahí se desprende que la agricultura natural ha sido para muchos el mejor lugar para comenzar.

Yo no pertenezco a ningún grupo religioso en particular y discutiría libremente mis opiniones con cualquier persona. No me preocupo demasiado haciendo distinciones ente cristianismo, budismo, shinto y otras religiones, pero me intriga que personas de convicciones religiosas profundas se vean atraídas a venir a mi casa. Yo creo que es a causa de que la agricultura natural, a diferencia de otros tipos de agricultura, está basada en una filosofía que penetra más allá de las cuestiones de análisis de suelos, pH y rendimientos de cosechas.

Hace algún tiempo un miembro del Centro de Agricultura Biológica de París vino a la montaña y pasamos el día hablando. Escuchando sobre la situación en Francia me enteré de que estaban organizando una conferencia internacional sobre agricultura biológica y que, como preparación para este encuentro, este joven estaba visitando explotaciones biológicas y naturales por todo el mundo. Le mostré los alrededores del vergel y entonces nos sentamos para tomar una infusión de manzanilla y discutir algunas de mis observaciones de los pasados treinta años y pico. Primero le dije que cuando se examinan los principios de la agricultura biológica populares en Occidente se observa que prácticamente no difieren de aquellos de la agricultura tradicional oriental practicada en China, Corea y Japón durante muchos siglos. Todos los agricultores japoneses todavía seguían este tipo de agricultura durante las eras Meiji y Taisho (1868-1926) y justo hasta el final de la Segunda Guerra Mundial.

Era un sistema que enfatizaba la importancia fundamental del compost y el reciclado de los desechos animales y humanos. El tipo de gestión era intensivo, e incluía prácticas tales como la rotación de cultivos, la asociación de plantas y el uso de abonos verdes. Dado que la superficie era limitada, los campos nunca se descuidaban y los programas de siembra y cosecha se sucedían con precisión. Todos los residuos orgánicos se compostaban y se devolvían a los campos. El uso del compost se estimulaba oficialmente, y la investigación agrícola estaba principalmente interesada en la materia orgánica y las técnicas de compostaje.

Así que una agricultura que unía a animales, cultivos y seres humanos en un solo cuerpo, existió como la corriente principal de la agricultura japonesa hasta los tiempos modernos. Se podría decir que la agricultura biológica, tal como se practica en Occidente, tiene su punto de partida en la agricultura tradicional de Oriente. Continué diciendo que entre los métodos de agricultura natural, podían distinguirse dos tipos: la agricultura natural amplia, trascendente, y la limitada agricultura natural del mundo relativo (este es el mundo tal como es interpretado por el intelecto). Si se nos obligase a hablar de ello en términos budistas las dos podrían denominarse respectivamente las agriculturas Mahayana y Hinayana. La agricultura natural Mahayana (amplia, trascendente) surge de sí misma cuando existe una unidad entre el hombre y la naturaleza. Se ajusta a la naturaleza tal como es y a la mente tal como es. Procede de la convicción de que si el individuo abandona la voluntad humana y permite que le guíe la naturaleza, esta responde proporcionándole todo lo necesario. Para dar una simple analogía, en la agricultura natural trascendente la relación entre la humanidad y la naturaleza puede ser comparada a la de un marido y su mujer unidos en un matrimonio perfecto. El matrimonio no es dado ni recibido: la pareja perfecta existe por sí misma.

Por otro lado, la agricultura natural limitada está buscando el camino de la naturaleza: conscientemente trata, por métodos «biológicos» u otros, seguir la naturaleza. La agricultura es utilizada para seguir un objetivo determinado. A pesar del amor sincero a la naturaleza y de proponerse ardientemente a ella, la relación todavía es un ensayo. La agricultura moderna industrializada desea la sabiduría divina sin comprender su significado, y al mismo tiempo desea utilizar a la naturaleza. Buscando incansablemente es incapaz de encontrar a alguien a quien proponerse.

La agricultura natural de miras estrechas dice que es bueno para el agricultor aplicar materia orgánica al suelo y que es bueno criar animales, y que esta es la mejor y más eficiente manera de utilizar la naturaleza. Para hablar en términos de experiencia práctica, esto está bien, pero sólo con este camino no puede mantenerse vivo el espíritu de la verdadera agricultura natural. Este tipo de agricultura natural limitada es análogo a la escuela de esgrima conocida como escuela de un solo golpe, que busca la victoria a través de la habilidosa, pero consciente, aplicación de la técnica.

La agricultura industrial moderna sigue la escuela de los golpes, que cree que la victoria puede conseguirse proporcionando la mayor cantidad posible de golpes de espada. En cambio, la agricultura natural es la escuela del no-golpe. No va a ningún lugar y no busca ninguna victoria. Poner en práctica el «no-hacer» es lo que el agricultor debería esforzarse por conseguir. Lao Tse habló de una naturaleza no-activa, y yo creo que si hubiese sido agricultor habría practicado la agricultura natural.

Yo creo que el camino de Gandhi, un método sin metodología, actuando en un estado mental no-vencedor y no-oponente, está emparentado con la agricultura natural. Cuando uno es consciente de que pierde alegría y felicidad en el intento de poseerlos entonces se alcanza la esencia de la agricultura natural. El fin último de la agricultura natural no es el cultivo de las plantas, sino el cultivo de la perfección de los seres humanos.[10]

10   N. del ed. En este párrafo el Sr. Fukuoka está señalando una distinción entre las técnicas seguidas por el logro consciente de un objetivo dado y aquellas que se presentan espontáneamente como expresión de la armonía de una persona hacia la naturaleza, tal como se realiza a lo largo de la actividad diaria, libre de la dominación del intelecto volitivo.

IV

CONFUSIONES SOBRE LA ALIMENTACIÓN

Un joven que había permanecido tres años en una de las cabañas de la montaña dijo un día: «Sabe, cuando la gente habla de alimentación natural, ya no sé a qué se refieren». Cuando piensas en ello ves que todo el mundo está familiarizado con la expresión «alimentación natural», pero sin comprender claramente lo que en realidad son los alimentos naturales. Hay quien cree que comer alimentos que no tengan aditivos o productos químicos es seguir una dieta natural, y hay otros que vagamente piensan que una dieta natural consiste en comer los alimentos tal como se encuentran en la naturaleza. Si te cuestionas sobre si el uso del fuego y la sal en la cocina es o no natural, podríamos responder de las dos formas posibles. Si la dieta del hombre primitivo a base solo de plantas y animales que vivían en estado salvaje es «natural», entonces una dieta que incluya el fuego y la sal no puede considerarse natural. Pero si se argumenta que el conocimiento adquirido en tiempos remotos sobre el uso del fuego y la sal era el destino natural del hombre entonces la comida preparada con estos es perfectamente natural.

¿Es buena la comida a la que se han aplicado las técnicas humanas de preparación, o debemos considerar buenos los alimentos en estado salvaje tal y como se encuentran en la naturaleza? ¿Podemos decir que son naturales los alimentos cultivados? ¿Dónde ponemos la línea divisoria entre lo natural y lo no natural? Puede decirse que en el Japón el término «dieta natural» surgió de las enseñanzas de Sagan Ishizuka durante la era Meiji. Su teoría fue luego redefinida y mejorada posteriormente por los Sres. Sakurazava (George Osawa) y Niki.

El camino de la nutrición, conocido en Occidente como macrobiótica, está basado en la teoría de la no-dualidad y en los conceptos yin-yang del I Ching. Puesto que con ello suele entenderse una dieta a base de arroz integral, se considera que una dieta natural consiste en consumir cereales integrales y hortalizas. La alimentación natural, sin embargo, no puede reducirse únicamente a un vegetarianismo con arroz integral.

Así pues, ¿en qué consiste? La razón de toda confusión es que hay dos formas de conocimiento humano: discriminante y no-discriminante.[11]

---

11   N. del ed. Se trata de una distinción hecha por muchos filósofos orientales. El conocimiento discriminante proviene de un intelecto inquieto y analítico deseoso de enmarcar la experiencia dentro de un esquema lógico. El Sr. Fukuoka cree que en este proceso el individuo se aparta de la naturaleza. Es la «verdad y el juicio limitados». El conocimiento no-discriminante surge sin esfuerzo consciente por parte del individuo cuando se acepta la experiencia tal como es sin ser interpretada por el intelecto. Aunque el conocimiento

La gente suele creer que el conocimiento verdadero del mundo sólo es posible por medio del conocimiento discriminante. Por lo tanto, la palabra «natural», tal como suele usarse, denota la naturaleza tal como la percibe el intelecto discriminante. Niego la imagen vacía de la naturaleza tal como la crea el intelecto humano, y la distingo claramente de la misma naturaleza tal como la experimenta el entendimiento no-discriminante. Si erradicamos la falsa concepción de la naturaleza creo que desaparecerán las raíces del desorden mundial. En Occidente la ciencia natural se desarrolló a partir del conocimiento discriminante, en Oriente la filosofía del yin-yang y la del I Ching se desarrollaron a partir de la misma fuente. Pero la verdad científica nunca puede alcanzar la verdad absoluta, y las filosofías después de todo no son más que interpretaciones del mundo.

La naturaleza tal como accede a ella el conocimiento científico es una naturaleza que ha sido destruida, es un fantasma con esqueleto pero sin alma. La naturaleza tal como la aborda el conocimiento filosófico es una teoría creada sin especulación humana, un fantasma con alma pero sin estructura. El conocimiento no-discriminante sólo puede tener lugar a través de la intuición, aunque la gente intente enmarcarlo dentro de un ámbito más familiar llamándolo «instinto». Se trata de un conocimiento procedente de una fuente innombrable.

Para conocer la verdadera naturaleza hay que abandonar la mente discriminante y trascender el mundo de la relatividad. Desde el inicio no hay este ni oeste, no hay cuatro estaciones, no hay yin ni yang. Al llegar a este

---

discriminante es esencial para analizar los problemas prácticos del mundo, el Sr. Fukuoka cree que en último término proporciona una perspectiva demasiado limitada.

punto un joven preguntó: «Entonces usted no solo niega la ciencia natural, sino que además niega las filosofías orientales basadas en el yin-yang y el I Ching?».

La ciencia y la filosofía tienen su valor como recursos temporales o como indicadores direccionales, le dije, pero no deben considerarse como los logros más elevados. Las verdades científicas y las filosofías son conceptos del mundo relativo y es en este en el que son verdaderos y tienen valor. Por ejemplo, para la gente actual que se desenvuelve en el mundo relativo, rompiendo el orden de la naturaleza y contribuyendo así al desequilibrio de su propio cuerpo y espíritu, el sistema yin-yang puede servir como un indicador conveniente y efectivo hacia la restauración del orden. Estos caminos pueden considerarse teorías útiles para ayudar a la gente a lograr una dieta resumida y compacta hasta que lleguen a una dieta natural. Pero cuando te das cuenta de que el eventual fin humano está en trascender el mundo de lo relativo y actuar en un reino de libertad, entonces es poco afortunado avanzar ligado a teorías. Cuando el individuo es capaz de entrar en un mundo en que los dos aspectos del yin-yang vuelven a su unidad original, entonces la misión de estos símbolos ya ha llegado a su fin. Un joven que acababa de llegar preguntó: «Si llegas a ser una persona *natural* ¿puedes entonces comer cualquier cosa que quieras?». Si esperas un mundo claro al otro lado del túnel, la oscuridad de este se te hará patente en todo su recorrido. Cuando ya no deseas comer algo sabroso, puedes entonces saborear el verdadero sabor de lo que estás comiendo. Es fácil poner sobre la mesa los alimentos sencillos que componen una dieta natural, pero los que pueden disfrutar de tal festín son pocos.

El mandala de la alimentación natural

Mi idea de la alimentación natural es la misma que la de la agricultura natural. Al igual que esta última acepta a la naturaleza tal como es, o sea, la naturaleza tal como la comprende la mente no-discriminante, así la dieta natural es un modo de comer en que los alimentos recogidos en zonas silvestres o producidos por la agricultura natural, así como el pescado capturado por medios naturales, se consiguen sin una acción premeditada por parte de la mente no-discriminante.

A pesar de que hablo de acción no intencionada y de no-método, la experiencia adquirida a través del tiempo en el transcurso de la vida diaria es, por supuesto, reconocida. El uso de la sal y el fuego en la cocina podrían ser criticados como el primer paso para la separación del hombre de la naturaleza, pero son sencillamente sabiduría natural tal como la adquirió el hombre primitivo y deben considerarse como sabiduría donada por el cielo. Los cultivos que han evolucionado durante miles y decenas de miles de años creciendo junto a los seres humanos, no son productos surgidos enteramente del conocimiento discriminante del agricultor, y pueden considerarse como alimentos que han aparecido naturalmente. Pero las variedades seleccionadas rápidamente que no han evolucionado bajo circunstancias naturales sino que más bien han sido desarrolladas a partir de una ciencia agrícola que se ha alejado de la naturaleza, así como el pescado y el marisco producido en piscifactorías y el ganado, todo ello se sale fuera de esta categoría.

Agricultura, pesca, ganadería: las realidades diarias en alimentación, abrigo, protección, vida espiritual —todo lo que existe— debe constituir una unión con la naturaleza. Imaginemos dos diagramas: el primero reúne los alimentos que la gente puede obtener con mayor facilidad y los pondríamos más o menos agrupados.

El segundo sería el de los alimentos tal como pueden conseguirse a lo largo de los meses del año. Estos diagramas constituirían el mandala de la alimentación natural.[12]

Podemos ver que las fuentes de alimentación dispuestas sobre la faz de la tierra son casi ilimitadas. Si la gente eligiese su alimento a través de la no-mente (término budista que describe el estado en que no hay distinción entre el mundo individual interior y el mundo exterior), incluso desconociendo lo que son el yin y el yang, entonces podría seguir una dieta perfectamente natural. Los pescadores y agricultores de cualquier pueblo japonés no tienen ningún interés particular en la lógica de estos diagramas. Siguen las reglas de la naturaleza seleccionando los alimentos de la estación del área en que se encuentran.

Desde los comienzos de la primavera, cuando brotan las siete hierbas, el agricultor puede degustar sus siete sabores. Para acompañarlos están los deliciosos sabores de los caracoles de estanque y de los moluscos marinos. La estación del verdor llega en marzo. Cola de caballo, helechos, artemisia, «osmund» y otras plantas de montaña pueden comerse además de las tiernas hojas del níspero y el melocotonero, y los brotes del ñame de montaña. Poseedoras todas estas plantas de un sabor delicado y

---

12   N. del ed. Un mandala es un diagrama circular que en el arte y la religión orientales simboliza la totalidad y la plenitud de su tema.

suave, pueden proporcionar una deliciosa tempura y ser también usadas como condimento. En las zonas costeras abundan a lo largo de los meses de primavera deliciosos vegetales marinos tales como laminaria, fucos y algas de roca. En la época en que brota el bambú, el bacalao gris, el besugo y el pez cerdo rayado alcanzan su sabor más delicioso. La estación de floración del iris se celebra con el delgado pez cinta y la cebolla «sashimi».

Los guisantes y las habas son deliciosos comidos directamente de la vaina o hervidos junto con cereales tales como arroz, trigo o cebada integrales. Hacia el final de la estación de las lluvias[13] se salan las ciruelas japonesas, y las fresas y frambuesas pueden cogerse en abundancia. En este tiempo es lógico que el cuerpo empiece a desear el sabor refrescante de las cebollas tiernas junto con el de frutas acuosas tales como nísperos japoneses, albaricoques y melocotones. El fruto del níspero japonés no es la única parte comestible: la semilla puede molerse para hacer café y las hojas en infusión constituyen una de las mejores medicinas. Las hojas maduras del melocotonero y el caqui proporcionan un tónico para la longevidad.

Bajo el radiante sol de verano, un buen pasatiempo consiste en comer melones y miel a la sombra de un gran árbol. La mayor parte de las hortalizas veraniegas tales como zanahorias, espinacas, rábanos y pepinos están listas para ser cosechadas. El cuerpo también necesita aceite vegetal o aceite de sésamo para alejar la pereza estival. Si se quiere considerarlo misterioso, entonces es misterioso el hecho de que los cereales de invierno cosechados en primavera vayan bien con el decreciente apetito veraniego, y así se prepara a menudo con cebada pasta de sopa

---

13   N. del ed. En Japón la estación de lluvias dura desde junio hasta
       mediados del mes de julio.

estival de varios tamaños y formas. El grano del trigo sarraceno se cosecha en verano. Es una antigua planta silvestre y un alimento adecuado a esta estación.

El comienzo del otoño es una estación feliz, con soja y pequeñas judías «azuki» rojas, muchas frutas, hortalizas y varios granos amarillos madurando al mismo tiempo. Los pasteles de mijo se saborean bajo la luna de otoño mientras se contemplan las celebraciones de esta época. La soja ligeramente cocida se sirve junto con patatas «taro». A medida que nos adentramos en el otoño, a menudo se come y se saborea maíz y arroz al vapor con judías rojas, setas «matsutako» y castañas. Y lo más importante, el arroz que ya ha absorbido los rayos solares durante el verano madura en otoño. Esto significa que puede obtenerse en abundancia una comida de base rica en calorías y que puede reservarse para los fríos meses invernales. Con las primeras heladas uno sueña con encontrarse frente al mostrador de una tienda de pescado a la brasa. En esta estación pueden pescarse peces azules de aguas profundas como el cola-amarilla y el atún.

Es interesante comprobar que las hortalizas de hoja y el rábano japonés, abundantes en esta estación, van bien con estos pescados. La comida de la fiesta de Año Nuevo se prepara principalmente con alimentos que han sido escabechados y salados especialmente para esta gran celebración. Salmón en salazón, huevos de arenque, besugo rojo, langosta, algas y judías negras se han venido sirviendo año tras año en esta fiesta durante siglos.

Durante el invierno es una agradable experiencia cavar los rábanos y nabos que se han quedado en el suelo, cubiertos por una capa de tierra y nieve. Siempre hay a mano alimentos de base tales como cereales, diversas judías cultivadas durante el año, miso y salsa de soja.

Junto con las coles, rábanos, calabazas y patatas dulces almacenadas en otoño disponemos de una amplia gama de alimentos para los meses más fríos. Los puerros y cebollas silvestres combinan bien con el sabor delicado de las ostras y los pepinos de mar que pueden ser entonces recogidos.

Mientras se espera la llegada de la primavera, se pueden contemplar los brotes de tusilago y las hojas comestibles del geranio-fresa trepador surgiendo de la nieve. Con el retorno de los berros, la bolsa de pastor, el alsino y otras plantas silvestres, se puede cosechar bajo la ventana de la cocina un jardín natural de vegetales de primavera. Así, siguiendo una dieta modesta, recogiendo los alimentos de las diversas estaciones que crecen en las proximidades, y degustando su sabor completo y nutritivo, los aldeanos locales aceptan lo que la naturaleza les proporciona. Los aldeanos conocen el sabor delicioso de los alimentos, pero no pueden degustar el misterioso sabor de la naturaleza. Mejor dicho, pueden saborearlo aunque no puedan expresarlo con palabras. La dieta natural se encuentra justamente a nuestros pies.

La cultura de la alimentación

Cuando nos planteamos el por qué comemos, son pocos los que van más allá del hecho de que la comida es necesaria para mantener la vida y el crecimiento del cuerpo humano. Sin embargo, más allá de esto se encuentra la cuestión más profunda de la relación entre la comida y el espíritu humano. Para los animales basta comer, jugar y dormir. Sería un gran logro si los seres humanos también pudiesen disfrutar con un alimento nutritivo, un simple paseo diario y un sueño reparador.

Buda dijo: «La forma es vacío y el vacío es forma». Dado que en terminología budista «forma» significa materia o cosas y «vacío» es la mente, nos está diciendo que la materia y la mente son lo mismo.

Las cosas tienen muchos colores, formas y sabores distintos, y la mente humana revolotea de un lado a otro abstraída por las cualidades de las cosas. Pero en realidad materia y mente son uno.

Color

En el mundo hay siete colores básicos, pero si los siete colores se combinan, dan lugar al color blanco. Cuando la luz blanca pasa a través de un prisma se descompone en siete colores. Cuando el hombre observa el mundo a través de la «no-mente» el color del color se desvanece: hay no-color. Solo cuando miramos a través de la mente discriminante aparecen los siete colores.

El agua sufre notables cambios pero sigue siendo agua. Del mismo modo, aunque la mente consciente parezca sufrir cambios la inmutable mente original no cambia. Si uno se deja cautivar por los siete colores, la mente se distrae con facilidad. Se perciben los colores de las hojas, ramas y frutos, mientras que la base del color pasa inadvertida.

Lo mismo pasa con la comida. En el mundo hay muchas sustancias naturales adecuadas para la alimentación humana. Estos alimentos son distinguidos por la mente y se les asocia buenas o malas cualidades. Entonces la gente selecciona conscientemente lo que cree que debe comer. El proceso de selección impide reconocer la base de la nutrición humana, que es lo que el cielo prescribe para cada lugar y estación. Los colores en la naturaleza, como en los capullos de la hortensia, cambian con facilidad. El cuerpo de la naturaleza se encuentra en perpetua transformación. Por la misma razón que su movimiento se denomina perpetuo, podemos llamarle movimiento no-móvil.

Si la razón se aplica a la selección de alimentos, el conocimiento que tenemos de la naturaleza queda fijado y se ignoran las transformaciones de la naturaleza, como por ejemplo los cambios estacionales. El propósito de una dieta natural no es crear eruditos capaces de dar explicaciones convincentes y seleccionar hábilmente diversos alimentos, sino crear personas sin conocimientos que tomen sus alimentos sin hacer distinciones conscientes. Esto no va en contra del modo de hacer de la naturaleza. Practicando la no-mente, sin perderse en sutilezas de forma, aceptando el color de lo incoloro como color, es como se inicia una dieta correcta.

Sabor

La gente dice: «No conoces el sabor que tiene una comida hasta que la pruebas». Pero incluso cuando se prueba, el sabor del alimento puede variar según el tiempo, circunstancias y disposición de la persona que lo esté probando. Si interrogamos a un científico sobre cuál es la sustancia del gusto, intentará definirla aislando los distintos componentes y determinando las proporciones de dulzura, acidez, amargor, saladura y aspereza.

Pero el sabor no puede definirse por análisis, ni siquiera mediante la punta de la lengua. Aunque los cinco sabores se perciben a través de la lengua, las impresiones son recogidas e interpretadas por la mente. Una persona natural puede lograr una dieta correcta porque su instinto esté trabajando en un orden idóneo. Está satisfecho con la comida sencilla: es nutritiva, sabe bien y además es una útil medicina diaria. La alimentación y el espíritu humano están unidos. La gente actual ha perdido su instinto natural y por lo tanto se ha vuelto incapaz de reunir y de disfrutar de las siete hierbas de primavera. Van en busca de la variedad de sabores. Su dieta se torna desordenada, aumenta la distancia entre gustos y aversiones, y su instinto se descarría cada vez más.

Llegada a este punto, la gente empieza a añadir fuertes condimentos a sus alimentos, a usar técnicas elaboradas de cocina, agravando aún más la confusión. La alimentación y el espíritu humano se han vuelto extraños el uno al otro. La mayoría de la gente hoy ya no conoce el sabor auténtico del arroz. El grano entero se procesa y refina dejando únicamente el almidón insípido. El arroz pulido carece de la fragancia y sabor únicos del arroz completo.

Consecuentemente se necesitan condimentos y debe acompañarse con platos adicionales o cubrirse con salsas. La gente cree erróneamente que no importa que el valor alimenticio del arroz blanco sea bajo mientras los nutrientes extraídos puedan suplirse con complementos vitaminados u otros alimentos como la carne o el pescado. Las comidas sabrosas no lo son por sí mismas. Los alimentos no son deliciosos a menos que uno lo crea así. Aunque la mayoría de la gente cree que las carnes de vaca y pollo son deliciosas, a una persona que por razones físicas o espirituales ha decidido que no le gustan, le parecerán repugnantes.

Los niños son felices jugando o sin hacer nada. Un adulto discriminante, por el contrario, decide qué le hará feliz, y cuando se dan estas condiciones está satisfecho. Los alimentos le saben bien no porque tengan los sutiles sabores naturales y sean nutritivos para el cuerpo, sino porque su gusto ha sido condicionado a la idea de que saben bien. Hay cuentos en que, engañados por un zorro, la gente ha comido estiércol de caballo. No es para reírse. En la actualidad la gente come con su mente, no con su cuerpo. A mucha gente no le importa si hay glutamato sódico en su comida, pues saborean solo con la punta de la lengua, de modo que son engañados con facilidad.

En un principio la gente comía porque estaba viva y porque la comida era sabrosa. Actualmente la gente cree que si no prepara los alimentos con condimentos elaborados la comida no tendrá sabor. Si uno no busca encontrar deliciosa la comida, encontrará que la naturaleza ya la hizo así. La primera consideración debería ser vivir de tal manera que la comida por sí misma supiese bien, pero en lugar de ello, todo el esfuerzo actualmente va en sentido contrario, añadiéndose sabor a los alimentos. Irónicamente, de esta forma han desaparecido los alimentos deliciosos. La gente intentó hacer un pan sabroso, el pan sabroso desapareció. Al intentar hacer comidas ricas y exuberantes se hacen comidas inservibles y ahora el apetito de la gente está insatisfecho.

Los buenos métodos de preparación de comida conservan los delicados sabores naturales. La sabiduría cotidiana de la antigüedad permitió conservar varios tipos de vegetales en salmuera secados al sol, en sal, en salvado y en miso, de manera que se conservaba también el sabor del vegetal.

El arte de la cocina comienza con la sal marina y el fuego crujiente de leña. Si alguien sensible a los fundamentos de la cocina prepara comida, esta mantiene su sabor natural. Si mientras se está cocinando, la comida toma algún sabor extraño o exótico, y si el propósito de este cambio es únicamente deleitar el paladar, esto es falsa cocina.

Generalmente se cree que la cultura es algo creado, mantenido y desarrollado solo mediante el esfuerzo humano. Pero la cultura se origina en la asociación entre el hombre y la naturaleza. Cuando se realiza la unión entre sociedad humana y naturaleza, la cultura toma cuerpo en sí misma. La cultura ha estado siempre muy conectada con la vida cotidiana, y así ha sido transmitida a las generaciones futuras, y ha sido conservada hasta la actualidad. Algo nacido del orgullo humano y de la búsqueda del placer no puede ser considerado como verdadera cultura. La cultura verdadera nace con la naturaleza, es simple, humilde y pura. Sin la cultura verdadera la humanidad perecerá. Cuando la gente rechazó la alimentación natural, optando en su lugar por los alimentos refinados, la sociedad tomó el camino de su propia destrucción. Ello se debe a que tal alimentación no es el producto de la cultura verdadera. La alimentación es vida, y la vida no debe separarse de la naturaleza.

Viviendo solo de pan

No hay nada mejor que consumir alimentos agradables, pero para mucha gente comer es solo una manera de nutrir el cuerpo, tener energía para trabajar y vivir muchos años. Las madres suelen forzar a sus hijos a comer

—incluso si no les gusta el sabor de los alimentos— porque es «bueno» para ellos. Pero la nutrición no puede separarse del sentido del gusto. Los alimentos nutritivos buenos para el cuerpo excitan el apetito y son deliciosos por sí mismos. La nutrición idónea es inseparable de un buen sabor.

Hasta hace poco la comida diaria de los agricultores de esta zona consistía en arroz y cebada con miso y vegetales en salmuera. Esta dieta proporcionaba una larga vida, una fuerte constitución y buena salud. Una vez al mes tenía lugar un banquete con vegetales estofados y arroz al vapor con judías rojas. El cuerpo sano y robusto del agricultor podía nutrirse bien con esta dieta simple a base de arroz. La dieta tradicional de Oriente, a base de arroz integral y hortalizas, es muy distinta a las dietas de las sociedades de Occidente. En el Occidente la ciencia de la nutrición cree que a menos que se ingieran ciertas cantidades diarias de carbohidratos, grasas, proteínas, minerales y vitaminas, no puede mantenerse una dieta equilibrada y buena salud. Esta creencia da lugar a que la madre atiborre de alimentos «nutritivos» a sus hijos.

Se podría suponer que la dietética occidental, con sus elaboradas teorías y cálculos, no dejaría lugar a duda sobre la dieta más idónea. En realidad resulta que crea más problemas de los que resuelve. Un problema es que en Occidente la ciencia de la nutrición no hace ningún esfuerzo para ajustar la dieta al ciclo natural. El resultado es una dieta que aparta al ser humano de la naturaleza. Los resultados más desafortunados son el miedo a la naturaleza y un sentimiento de inseguridad general.

Otro problema es que se olvidan enteramente los valores espirituales y emocionales incluso a pesar de que los alimentos están directamente relacionados con el espíritu y las emociones humanas. Observando el ser humano sólo como un objeto fisiológico es imposible lograr un entendimiento coherente de la dieta. Cuando se recogen y mezclan confusamente unidades y trozos de información, se obtiene como resultado una dieta imperfecta que se aparta de la naturaleza. «Dentro de cada cosa subyacen todas las cosas, pero si se juntan todas las cosas no puede aflorar ni una sola.» La ciencia occidental es incapaz de entender este concepto de la filosofía oriental. Una persona puede analizar e investigar una mariposa tanto como quiera, pero no puede fabricarla.

Si se pusiera en práctica a gran escala la dieta científica occidental ¿qué tipos de problemas se supone que ocurrirían? Durante todo el año debería poder conseguirse ternera de gran calidad, huevos, leche, hortalizas, pan y otros alimentos. Se necesitaría una producción a gran escala y un almacenamiento a largo plazo.

En Japón la adopción de esta dieta ha llevado a los agricultores a producir en invierno hortalizas veraniegas tales como lechugas, pepinos, berenjenas y tomates. No pasará mucho hasta que se les pida a los agricultores caquis en primavera y melocotones en otoño. Es irrazonable esperar que pueda conseguirse una dieta completa y equilibrada simplemente proporcionando una gran variedad de alimentos independientes de la estación. Comparadas con las plantas que maduran de forma natural, las hortalizas y frutas que crecen fuera de estación, necesariamente bajo condiciones antinaturales, contienen pocas vitaminas y minerales.

No es sorprendente que las hortalizas de verano cultivadas en otoño o invierno no tengan el sabor y la fragancia de aquellas que se cultivan bajo el sol mediante métodos naturales. El análisis químico, las tablas de nutrición y otras consideraciones de este tipo son las principales causas de error. La alimentación indicada por la ciencia moderna se encuentra lejos de la dieta tradicional japonesa y está minando la salud de los japoneses.

Resumiendo dietas

Existen cuatro tipos principales de dietas:

Una dieta indeterminada sometida a los deseos del hábito y las preferencias del gusto. La gente que sigue esta dieta cambia una y otra vez de dieta según sus caprichos y deseos. Podría denominarse dieta autoindulgente y superficial.

La dieta nutritiva, patrón que sigue la mayoría de la gente y procede de consideraciones biológicas. Se comen alimentos nutritivos con el propósito de mantener la vida del cuerpo. Podemos denominarla materialista o científica.

La dieta basada en los principios espirituales y una filosofía idealista. Limitando los alimentos tendiendo hacia la simplificación, la mayor parte de las dietas naturales entran en esta categoría. Podríamos denominarla dieta de principios.

La dieta natural, siguiendo los designios del cielo. Descartando todo el conocimiento humano, esta dieta podría denominarse dieta de la no-discriminación.

La gente primero empezó por apartarse de la dieta superficial, fuente de incontables enfermedades. Más tarde, desencantados con la dieta científica, que sólo se preocupa de mantener la vida biológica, muchos prosiguieron hacia la dieta de principios. Finalmente, trascendiéndola, se llega a la dieta no-discriminante de la persona natural.

La dieta de la no-discriminación

La vida humana no se mantiene por sí misma. Es la naturaleza quien da nacimiento a los seres humanos y los mantiene vivos. Esta es la relación que la gente tiene con la naturaleza. Los alimentos son un regalo del cielo. La gente no crea los alimentos de la naturaleza, el cielo los regala. Los alimentos son alimentos y no son alimentos. Son parte del hombre y están aparte del hombre. Cuando los alimentos, el cuerpo, el corazón y la mente se unen a la naturaleza en armonía, entonces es posible una dieta natural. El cuerpo por sí mismo, siguiendo su propio instinto, come si algo sabe bien y se abstiene en caso contrario, es libre.

No es posible prescribir reglas y proporciones para una dieta natural. Un código o sistema determinado que le permitiese a uno decidir conscientemente estas cuestiones es imposible. La naturaleza, o el mismo cuerpo, sirven como guías suficientes. Pero esta guía sutil es desoída por la mayor parte de la gente debido al clamor causado por el deseo y la actividad de la mente discriminante. Esta dieta se define a sí misma de acuerdo con el entorno local, las necesidades varias y la constitución de cada persona.

La dieta de principios

Todos deberíamos ser conscientes de que la naturaleza es siempre completa, equilibrada y en perfecta armonía consigo misma. La comida natural es completa y en esta totalidad se incluyen la nutrición y sabores sutiles. Parece que aplicando el sistema del yin-yang, la gente puede explicar el origen del universo y las transformaciones de la naturaleza. También parece que puede determinarse y mantenerse conscientemente la armonía del cuerpo humano. Pero si se profundiza demasiado en estas doctrinas (como es necesario en el estudio de la medicina occidental) se entra en el dominio de la ciencia y se descuida hacer la necesaria fuga de la percepción discriminante.

Arrastrado por las sutilezas del conocimiento humano sin reconocer sus límites, el practicante de la dieta de principios acaba preocupándose únicamente por objetos aislados. Pero mientras intenta alcanzar el significado de la naturaleza con una visión amplia y de largo alcance, pierde de vista las cosas pequeñas que ocurren a sus pies.

La dieta típica de una persona enferma

La enfermedad aparece cuando la gente se aparta de la naturaleza. La gravedad de la enfermedad es directamente proporcional al grado de separación. Si la persona enferma vuelve a un entorno saludable, a menudo desaparecerá la enfermedad. Cuando la separación de la naturaleza se hace extrema, aumenta el número de enfermos. Entonces el deseo de volver a la naturaleza se hace más fuerte. Pero en la búsqueda del retorno a la naturaleza no hay un concepto claro de lo que esta es, de manera que el intento resulta vano.

Incluso si uno vive una vida primitiva en medio de las montañas puede seguir fallando a la hora de comprender su verdadero objetivo. Si intentas hacer algo, tus esfuerzos nunca alcanzarán el objetivo deseado. La gente que vive en las ciudades se enfrenta a tremendas dificultades al intentar lograr una dieta natural. Simplemente no pueden conseguirse los alimentos naturales, pues los agricultores han dejado de producirlos. Incluso si pudiesen comprar alimentos naturales, sus cuerpos necesitarían estar en forma para digerir alimentos tan sanos. En esta situación, si intentas comer alimentos sanos o conseguir una dieta yin-yang equilibrada, prácticamente necesitas tener medios y poderes sobrenaturales de juicio. Lejos de retornar a la naturaleza, surge un tipo complicado y extraño de dieta «natural» y el individuo es apartado aún más de la naturaleza.

Si hoy en día miramos el interior de una tienda de alimentos de régimen, nos encontramos con un gran surtido de alimentos frescos, alimentos empaquetados, vitaminas y complementos dietéticos. En los libros se nos presentan muchos tipos distintos de dietas como «naturales», nutritivas, y las mejores para la salud. Si alguien dice que es bueno hervir juntos los alimentos, sale quien dice que los alimentos hervidos juntos solo sirven para enfermar a la gente. Algunos enfatizan el valor esencial de la sal en la dieta, mientras que otros creen que demasiada sal causa enfermedades. Si alguien rechaza la fruta como alimento yin adecuado sólo para monos, surgen otros que dicen que la fruta y las verduras son los alimentos más adecuados para conseguir longevidad y tener un carácter alegre. En distintas épocas y circunstancias todas estas opiniones pueden ser consideradas como correctas, de manera que la gente se confunde. O mejor dicho, para una persona confundida todas estas teorías solo sirven para crearle mayor confusión.

La naturaleza se encuentra en constante transición, cambiando a cada instante. La gente no puede alcanzar la verdadera apariencia de la naturaleza. No se puede conocer la cara de la naturaleza. Intentar capturar lo no cognoscible en teorías y doctrinas formales es como querer cazar el viento con un cazamariposas. Si haces diana en el blanco equivocado, has perdido.

La humanidad es como un hombre ciego que no sabe hacia dónde se dirige. Golpea alrededor suyo con el bastón del conocimiento científico dependiendo del yin y del yang para marcar su camino. Lo que quiero decir es: no comas con la cabeza, y con ello quiero decir que debes liberarte de la mente discriminante. El mandala de que hablaba antes esperaba que sirviese de guía para mostrar de un vistazo la relación de varios alimentos entre ellos y con los seres humanos. Pero también puedes tirarlo una vez lo hayas leído. Lo primero que debe hacer una persona es desarrollar una sensibilidad que le permita a su cuerpo elegir por sí mismo los alimentos.

Pensar sólo en los alimentos en sí y dejar el espíritu a un lado, es como visitar un templo, leer sutras y dejar a Buda en el exterior. En vez de estudiar teorías filosóficas para alcanzar el conocimiento de la alimentación, es mejor llegar a la teoría a partir de la propia dieta diaria.

Los médicos cuidan a la gente enferma: la naturaleza cuida a la gente sana. En vez de enfermar y seguir luego una dieta natural para curarse, la gente debería vivir en un entorno natural de modo que no apareciese la enfermedad.

Los jóvenes que vienen a las cabañas de la montaña viven en condiciones primitivas comiendo alimentos naturales y practicando agricultura natural, conocen el fin último del hombre, y han decidido vivir de acuerdo con él de modo más directo.

Alimentos y agricultura

Este libro sobre agricultura natural incluye necesariamente unas consideraciones sobre alimentación natural. Ello es debido a que la alimentación y la agricultura son el frente y la espalda de un mismo cuerpo. Está más claro que el resplandor del fuego que si no se practica una agricultura natural la gente no podrá disponer de alimentos naturales. Pero si no se impone una dieta natural, el agricultor seguirá confundido sobre lo que debe cultivar. A menos que la gente se vuelva natural, no podrá haber ni agricultura natural ni alimentos naturales. En una de las cabañas de la montaña dejé escritas sobre la chimenea en una tabla de madera de pino las palabras: «Alimentación correcta. Acción correcta. Sabiduría correcta» (este lema está inspirado en los Ocho Caminos Budistas de realización espiritual). Las tres son inseparables. Si falta una, ninguna puede realizarse. Si se realiza una, se realizan todas. La gente ve con complacencia el mundo como un lugar donde el progreso crece a partir de la inquietud y la confusión. Pero un desarrollo destructivo sin propósito invita a la confusión del pensamiento: invita nada más y nada menos que a la degeneración y el colapso de la humanidad. Si no se entiende claramente cuál es la fuente inmóvil de toda esta actividad, lo que es la naturaleza, será imposible recobrar nuestra salud.

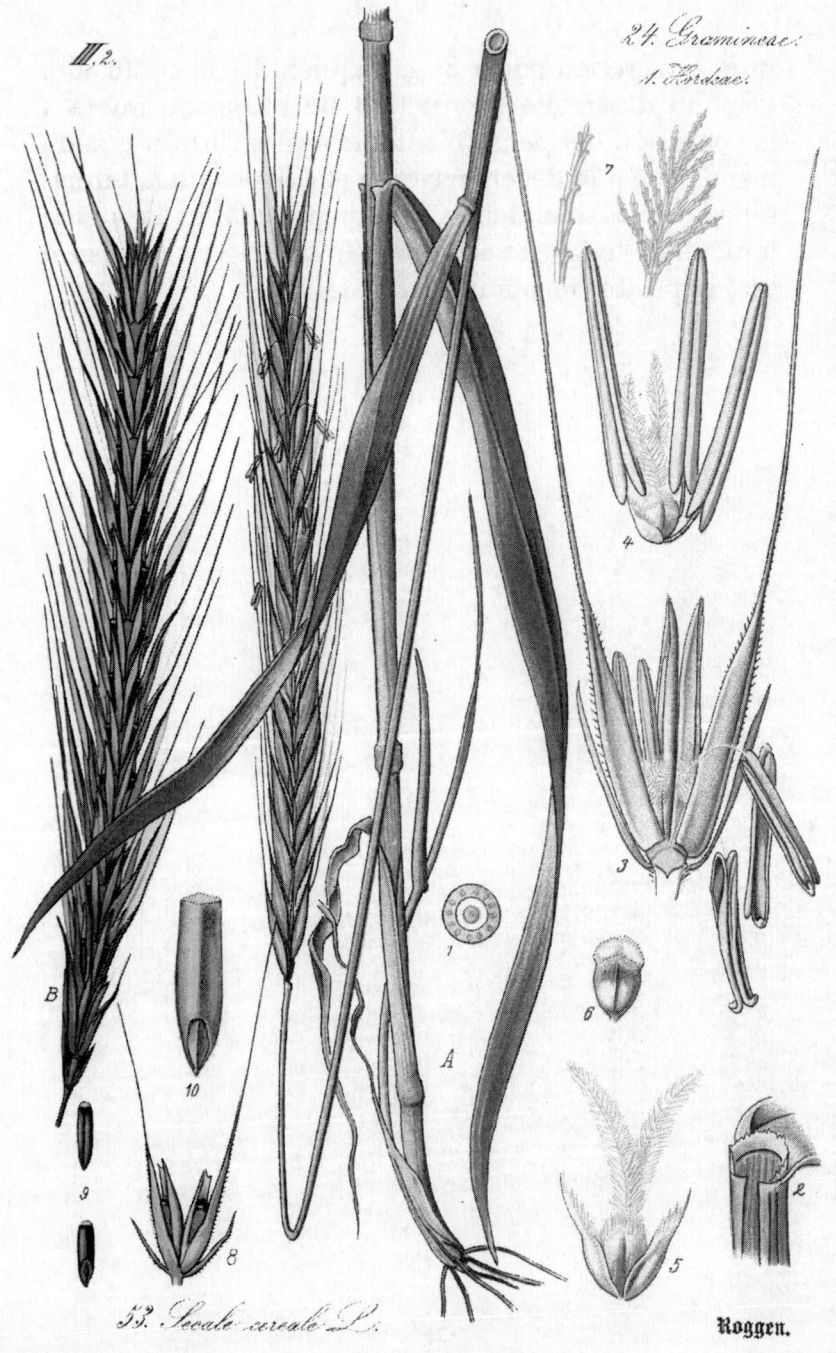

III.2.

24. Gramineae.
1. Hordeae.

B

A

53. Secale cereale L.

Roggen.

V

LA NECEDAD APARECE COMO INTELIGENCIA

Las noches de otoño son largas y frescas. Resulta agradable pasar el tiempo mirando cómo arde un tronco con una taza de té caliente en las manos. Se dice que puede hablarse de cualquier cosa cuando se está sentado al lado del fuego, de modo que creyendo que los refunfuños de mis compañeros agricultores serían un tema de conversación interesante, los he sacado a relucir, pero parece que va a haber problemas. He estado diciendo que todas las cosas son por ningún motivo, que la humanidad es ignorante, que nada hay por lo que valga la pena preocuparse, y que todo lo que se hace es un esfuerzo inútil. ¿Cómo puedo decir esto y luego seguir hablando como ahora? Si me lanzo a escribir algo lo único que puedo escribir es que el escribir carece de valor. Esto es muy confuso.

No me importa hurgar en mi pasado lo suficiente para escribir sobre él, y no soy lo suficientemente sabio para predecir el futuro. Mientras avivo el fuego y hablamos a su alrededor sobre asuntos cotidianos ¿cómo puedo pedir a nadie que aguante las locas ideas de un viejo agricultor? En la parte más alta del huerto con vista a la bahía de Matsuyama y la ancha llanura de Dogo hay varias pequeñas cabañas de paredes de barro. Allí se han reunido unas cuantas personas que están viviendo juntas una vida sencilla. No hay comodidades modernas. Pasando tranquilos atardeceres bajo la luz de velas y lámparas viven una vida de necesidades sencillas: arroz integral, hortalizas, una túnica y un tazón. Vienen de alguna parte, se quedan una temporada y después siguen su camino. Entre los invitados hay investigadores agrícolas, estudiantes universitarios, agricultores hippies, poetas buscadores; jóvenes y viejos, hombres y mujeres de diferentes tipos y nacionalidades. La mayoría de los que se quedan largo tiempo son jóvenes que necesitan un período de introspección.

Mi función es la de hacer de posadero en esta posada al lado del camino, servir té a los viajeros que van y vienen. Y mientras están ayudando en los campos disfruto oyendo cómo van las cosas en el mundo. Suena bien, pero en realidad no es una vida tan fácil y sencilla. Yo abogo por la agricultura del no-hacer, así que la gente viene creyendo que encontrará una utopía en donde puede vivir sin tener que salir nunca de la cama. Esta gente se lleva una gran sorpresa. Sacar agua del pozo en la niebla matinal, partir leña hasta que las manos quedan rojas y con ampollas, trabajar con el fango hasta las rodillas... hay muchos que abandonan.

Hoy, mientras observaba a un grupo de jóvenes trabajando en una cabaña pequeña, se me acercó una joven de Funabashi; cuando le pregunté por qué había venido, ella respondió: «He venido, eso es todo. Ya no sé nada más». Una joven clara, indiferente, que conserva su presencia de ánimo. Entonces dije: «Si sabes que no estás iluminada, no hay nada que decir ¿verdad?». Cuando se intenta entender el mundo a través del poder de la discriminación, la gente pierde de vista su significado. ¿No es por ello que el mundo se encuentra en tal apuro? Respondió suavemente: «Sí, si usted lo dice». «Tal vez no tengas una idea clara de lo que es la iluminación. ¿Qué libros leíste antes de venir aquí?» Movió la cabeza como rechazando la lectura.

La gente estudia porque creen que no entienden, pero estudiar no les ayudará a comprender. Estudian duramente para al final encontrar que no pueden saber nada, que el entendimiento está más allá del alcance humano. Generalmente la gente cree que la palabra «incomprensible» se usa cuando dices, por ejemplo, que entiendes nueve cosas pero hay una que no comprendes. Pero al intentar entender diez cosas, en realidad no entiendes ninguna. Si conoces cien flores no «conoces» ni una sola. La gente lucha duramente para comprender, se convencen de que comprenden y mueren sin saber nada. Los jóvenes se tomaron un descanso en su tarea de carpinteros, se sentaron en la hierba cerca del gran mandarino y miraron hacia las deshilachadas nubes del cielo sureño.

La gente cree que cuando levanta sus ojos del suelo hacia el cielo ven el firmamento. Separan la naranja de las hojas y dicen conocer el verde de las hojas y el naranja de la naranja. Pero en el mismo momento en que uno hace una distinción entre verde y naranja, los colores verdaderos desaparecen. Las personas creen entender las cosas porque se familiarizan con ellas. Este conocimiento es solo superficial. Es el conocimiento del astrónomo que sabe el nombre de las estrellas, del botánico que conoce la clasificación de las hojas y flores, del artista que conoce la estética del verde y el rojo. Esto no es conocer la misma naturaleza —la tierra y el cielo, verde y rojo—. Astrónomo, botánico y artista no han hecho más que tomar impresiones e interpretarlas, cada cual bajo la bóveda de su propia mente. Cuanto más absorbidos se encuentran en la actividad del intelecto, más se apartan y más difícil se hace el vivir naturalmente.

Lo trágico es que en su arrogancia infundada la gente intenta someter a la naturaleza a su voluntad. Los seres humanos pueden destruir las formas naturales, pero no pueden crearlas. La discriminación, el entendimiento incompleto y fragmentario, siempre se encuentran en el punto de partida del conocimiento humano. Incapaz de conocer la totalidad de la naturaleza, la gente sólo puede crear un modelo incompleto de ella y entonces hacerse la ilusión de creer que han creado algo natural.

Todo lo que uno debe hacer para conocer la naturaleza es darse cuenta de que realmente no sabe nada, de que es incapaz de conocer algo. Puede esperarse entonces que pierda interés en el conocimiento discriminante. Cuando abandona este conocimiento, surge por sí solo de su interior el conocimiento no-discriminante. Si no intenta pensar sobre saber, si no se preocupa por entender, llegará el momento en que entenderá. No hay otra forma que no sea a través de la destrucción del ego, dejando a un lado la idea de que los humanos existen aparte del cielo y la tierra.

«Esto significa ser necio en vez de ser inteligente», le dije de súbito a un joven que tenía una mirada inteligente de complacencia en su rostro. «¿Qué mirada es esa que veo en tu cara?» La necedad aparece como inteligencia. ¿Sabes con seguridad si eres inteligente o necio? O ¿estás intentando convertirte en un tipo inteligente con apariencia de bobo? No puedes volverte inteligente, no puedes volverte necio, quédate tal como estás. ¿No es ahí donde te encuentras? Antes de saber esto estaba enfadado conmigo mismo por repetirme una y otra vez las mismas palabras, palabras que nunca podrían igualar la sabiduría de permanecer en silencio, palabras que yo mismo no podía entender.

El sol de otoño se estaba hundiendo en el horizonte. Los colores del crepúsculo llegaron al pie del viejo árbol. Con la luz del Mar Interior a sus espaldas, los silenciosos jóvenes regresaron lentamente a sus cabañas para la cena. Yo les seguí sosegadamente entre las sombras.

¿Quién es el necio?

Se dice que no hay criatura más inteligente que el ser humano. Usando esta inteligencia, ha llegado a ser el único animal capaz de utilizar armas nucleares. El otro día subió a la montaña el dueño de la tienda de productos naturales situada enfrente de la estación de Osaka trayendo siete compañeros como los siete dioses de la buena fortuna. Al atardecer, mientras lo celebrábamos con un improvisado potaje a base de arroz integral, uno de ellos dijo lo siguiente: «Entre los niños siempre hay uno al que no le preocupa nada, que sonríe feliz mientras mira, hay otro a quien siempre le toca el papel de caballo cuando juegan al caballo y al jinete y siempre hay un tercero que quita con inteligentes engaños la merienda a los otros.

«Antes de que el líder de la clase sea elegido, el profesor habla seriamente de las cualidades requeridas por un buen líder y de la importancia de tomar una decisión inteligente. Cuando la elección tiene lugar es el joven que ríe feliz al lado del camino el que resulta elegido».

Todos se divertían, pero no pude entender por qué se reían. Creí que era la elección lógica. Si todas las cosas se valoran en términos de ganancia o pérdida uno debe ver como perdedor al chico que siempre acaba haciendo de caballo, pero la grandeza y la mediocridad no tienen sentido entre los niños. El profesor creyó que el chico inteligente era el más idóneo, pero los otros chicos le vieron como inteligente en sentido equivocado, alguien que oprimiría a los demás. Creer que el que es inteligente y puede cuidarse a sí mismo es excepcional, y que es mejor ser excepcional, es seguir los valores de los «adultos». El que se preocupa sólo de sus asuntos, come y duerme bien, el que no tiene nada sobre qué inquietarse, me parece a mí que vive de la forma más satisfactoria. Nadie hay más grande que el que no intenta conseguir nada.

En la fábula de Esopo, cuando las ranas le piden un rey a su dios, este les presenta un tronco. Las ranas se ríen del mudo tronco y cuando piden un rey más digno al dios este les envía una grulla. Tal como cuenta la fábula, la grulla mató a las ranas a picotazos. Si el que está delante es superior, los que siguen detrás deben luchar y esforzarse. Si delante ponemos un chico normal, los que siguen no tendrán que esforzarse. La gente cree que alguien que es fuerte e inteligente es extraordinario, así que eligen a un primer ministro que tira del país como si fuese una locomotora diésel. «¿Qué tipo de persona debería elegirse como primer ministro?» «Un tronco mudo», dije. «No hay nadie mejor que un daruma-san[14], añadí.

«Es una persona tan relajada que puede sentarse en meditación durante años sin pronunciar una sola palabra. Si le das un empujón se tambalea, pero con la persistencia de la no-resistencia siempre vuelve a quedar sentado. El daruma-san no está sentado ociosamente, manteniendo sus brazos y piernas cruzados, mira ceñudo y en silencio a los que son incapaces de ello» «Si no se hiciese nada en absoluto el mundo dejaría de girar. ¿Qué sería del mundo sin desarrollo?» «¿Por qué tienes que desarrollar? Si el crecimiento económico aumenta del 5 % al 10 % ¿se duplicará la felicidad?» «¿Qué hay de malo en una tasa de crecimiento del 0 %? ¿No es esto último un tipo de economía estable? ¿Puede haber nada mejor que vivir con sencillez y tranquilidad?».

La gente descubre algo, aprende cómo funciona y se pone a usar la naturaleza, creyendo que esto será para el bien de la humanidad. El resultado de todo esto hasta ahora es que el planeta está contaminado, la gente confundida, y que hemos propiciado el caos de los tiempos modernos. En esta finca practicamos la agricultura del «no-hacer» y comemos cereales, hortalizas y frutas deliciosas y completas. Hay sentido y satisfacción en vivir cerca de la fuente de las cosas. La vida es música y poesía.

---

14 N. del ed. El daruma-san es un popular juguete infantil japonés. Es un gran balón con un contrapeso en la parte inferior, con la forma de un monje sentado en meditación.

El agricultor se convirtió en una persona muy ocupada cuando la gente empezó a investigar el mundo y decidió que sería «bueno» hacer esto o aquello.

Toda mi investigación ha estado orientada en la dirección del no hacer esto o aquello. Estos treinta años me han enseñado que los agricultores habrían estado mejor no haciendo casi nada. Cuantas más cosas hace la gente más se desarrolla la sociedad y más problemas aparecen. La creciente desolación de la naturaleza, el agotamiento de recursos, la ansiedad y desintegración del espíritu humano, todo ello ha sido el resultado del intento de la humanidad por conseguir algo. Al comienzo no había razón para progresar y nada que debiera hacerse. Hemos llegado a un punto en el que no hay otro camino que organizar un «movimiento» para no hacer nada.

Nací para ir a un jardín de infancia

Un joven con una pequeña mochila a hombros caminaba despreocupadamente hacia donde nos encontrábamos trabajando en el campo. «¿De dónde eres?», le pregunté. «De por allí» «¿Cómo llegaste?» «Andando» «¿Para qué viniste aquí?» «No lo sé». Muchos de los que aquí llegan no tienen ninguna prisa en revelar sus nombres o su historia pasada. Tampoco cuentan con claridad su propósito. Esto es lógico, pues muchos no saben por qué vienen, simplemente vienen.

Desde su comienzo, el hombre no sabe de dónde viene ni a dónde va. Decir que se nace del vientre de la madre y que se vuelve a la tierra es una explicación biológica, pero nadie sabe en realidad qué hay antes del nacimiento o qué tipo de mundo espera tras la muerte. Nacer sin saber la razón, para sólo cerrar los ojos y partir hacia el infinito desconocido... realmente el ser humano es una criatura trágica. El otro día encontré un sombrero de paja que se dejaron olvidado en los templos de Shikoku un grupo de peregrinos. En él estaban escritas las siguientes palabras:

«En el principio ni este ni oeste / Diez direcciones infinitas».

Ahora, con el sombrero en mis manos, le pregunté de nuevo al joven de dónde venía, y respondió que era hijo de un sacerdote del templo de Kanazawa y, dado que era estúpido estar leyendo escrituras todo el día hasta el agotamiento, quería convertirse en agricultor. No hay este ni oeste. El sol sale por el este y se pone por el oeste, pero esto es solo una mera observación astronómica. Saber que no comprendes ni el este ni el oeste está más cerca de la verdad. La realidad es que nadie sabe de dónde viene el sol.

Entre las decenas de miles de escrituras la que más debemos agradecer, la que contiene las ideas principales, es la Sutra del Corazón. De acuerdo a esta Sutra: «El Señor Buda declaró: La forma es vacío, el vacío es forma. La materia y el espíritu son uno, pero todo es vacío. El hombre no está vivo, tampoco muerto, no nace ni muere, no envejece ni enferma, no crece ni decrece». El otro día, mientras segábamos el arroz, dije a los jóvenes que descansaban sobre un gran montón de paja: «Pensaba que cuando en primavera se planta el arroz, la semilla emite tallos de vida, y ahora mientras estamos cosechándolo, es como si muriese. El hecho de que se repita este ritual año tras año significa que la vida continúa en este campo y que la muerte anual es en sí misma un nacimiento anual. Podríamos decir que el arroz que ahora segamos vive continuamente».

Los seres humanos suelen ver la vida y la muerte bajo una perspectiva más bien corta. ¿Qué significado puede tener para esta hierba el nacimiento en primavera y la muerte en otoño? La gente cree que la vida es gozo y la muerte es tristeza, pero la semilla de arroz, que yace en la tierra y emite sus tallos en primavera, con sus hojas y tallos marchitándose en otoño, todavía guarda en su interior todo el gozo de la vida. El gozo de la vida no parte con la muerte. La muerte no es más que un tránsito momentáneo. Dado que este arroz posee todo el gozo de la vida ¿no diríais que desconoce la tristeza de la muerte? Lo mismo que les ocurre al arroz y a la cebada le ocurre continuamente al cuerpo humano. Día a día crecen el cabello y las uñas, decenas de miles de células mueren, decenas de miles más nacen: la sangre que hace un mes circulaba por nuestro cuerpo ya no es la misma sangre hoy. Cuando piensas que tus propias características se propagan a tus hijos y nietos, puedes decir que mueres y renaces a diario, y que continuarás vivo durante muchas generaciones tras la muerte. Si la participación en este ciclo puede experimentarse y saborearse a diario, no necesitamos nada más. Pero la mayoría de la gente no es capaz de disfrutar de la vida tal como transcurre y cambia día a día. Esta gente se apega a la vida, como si ya la hubiesen experimentado, y este apego habitual origina el miedo a la muerte. Prestando solo atención al pasado, que ya se ha ido, o al futuro, que aún no ha llegado, olvidan que están viviendo en la tierra aquí y ahora. Luchando en la confusión, ven pasar sus vidas en un sueño. «Si la vida y la muerte son realidades ¿no es inevitable el sufrimiento humano?» «No hay vida ni muerte» «¿Cómo puedes decir esto?».

El mundo es una unidad de materia dentro del flujo de la experiencia, pero la mente de la gente divide el fenómeno en dualidades tales como la vida y la muerte, yin y yang, ser y vacío. La mente acaba por creer en la validez absoluta de lo que perciben los sentidos y entonces por primera vez la materia se convierte en objetos tal como los seres humanos normalmente los perciben. Las formas del mundo material, los conceptos de vida y muerte, salud y enfermedad, gozo y tristeza, todo se origina en la mente humana. En el Sutra, cuando Buda dice que todo es vacío, no solo niega la realidad intrínseca a todo lo que es construido por el intelecto humano, sino que también está aclarando que las emociones humanas son ilusiones. «¿Quieres decir que todo es ilusión? ¿No queda nada?» «¿No queda nada? El concepto de vacío aún parece permanecer en tu mente», le dije al joven. «Si no sabes de dónde vienes o a dónde vas, ¿cómo puedes estar seguro de que estás aquí, delante de mí? ¿Carece de sentido la existencia?»

La otra mañana vi a una niña de cuatro años preguntarle a su madre: «¿Por qué vine al mundo? ¿Para ir al jardín de infancia?». Naturalmente, su madre no pudo decir con honestidad: «Sí, es cierto, así que ve». Y sin embargo, podría decirse hoy en día que la gente realmente nace para ir al jardín de infancia. A lo largo de su escolaridad, la gente estudia diligentemente para aprender por qué nacieron. Estudiantes y filósofos, incluso a costa de arruinar sus vidas en el intento, dicen que se sentirían satisfechos si solo entendiesen esto.

En el origen, los seres humanos no tenían ningún propósito. Ahora, soñando en uno y otro propósito luchan esforzadamente tratando de encontrar el significado de la vida. Es un combate con un solo luchador. No hay ningún propósito en el que se deba pensar o que deba ir a buscarse. Harías bien en preguntar a los niños si tiene o no significado una vida sin propósitos. Desde el momento en que accede al jardín de infancia, empieza la tristeza de la gente. El ser humano era una criatura feliz, pero creó un mundo difícil y ahora lucha intentando liberarse de él. En la naturaleza hay vida y muerte y la naturaleza está llena de gozo. En la sociedad humana hay vida y muerte, y la gente vive en la tristeza.

Nubes pasajeras y la ilusión de la ciencia

Esta mañana estoy lavando cajas de almacenar cítricos en el río. Mientras me agacho sobre una roca plana mis manos sienten el frescor del río otoñal. Las rojas hojas de los zumaques a lo largo de la orilla del río resaltan contra el claro azul del cielo otoñal. Estoy sin aliento, maravillado ante el inesperado esplendor de las ramas en contraste con el cielo. En esta escena casual se encuentra presente todo el mundo de la experiencia. El agua corriente, el fluir del tiempo, las orillas derecha e izquierda, el resplandor del sol y las sombras, las hojas rojas y el cielo azul..., todo aparece en el sagrado y silencioso libro de la naturaleza. El hombre es una delicada caña pensante.

Tan pronto como se pregunta qué es la naturaleza, entonces debe preguntarse qué es este «qué» y qué es este ser humano que se pregunta «qué es este qué». Se encamina, por decirlo así, a un mundo de cuestiones sin fin. Para obtener un conocimiento claro de qué es esto que le llena de cuestiones, de lo que le asombra, tiene dos caminos posibles. El primero es mirar profundamente hacia dentro de sí mismo, al que le plantea la pregunta: «¿Qué es la naturaleza?». El segundo consiste en examinar la naturaleza como separada del hombre.

El primer camino conduce al reino de la filosofía y la religión. Observando negligentemente, no es extraño ver fluir el agua de arriba abajo, pero no existe incoherencia alguna en ver al agua fija y el puente deslizándose sobre ella. Si por otro lado, seguimos el segundo camino, la escena se divide en una gran variedad de fenómenos naturales: el agua, la velocidad de la corriente, las olas, el viento y las blancas nubes, que por separado se convierten en objetos de investigación, conduciendo a más preguntas que se escapan sin cesar en todas direcciones. Este es el camino de la ciencia.

El mundo acostumbraba a ser sencillo. Simplemente te dabas cuenta al pasar por el prado que te mojabas al tocar las gotas de rocío. Pero desde el momento en que la gente empezó a querer explicar científicamente esta gota de rocío, se atraparon a sí mismos en el infierno sin fin del intelecto. Las moléculas de agua están hechas de átomos de oxígeno y de hidrógeno. Durante un tiempo la gente creyó que en el mundo las partículas más pequeñas eran los átomos, pero luego descubrieron que había un núcleo dentro del átomo. Ahora han descubierto que en el núcleo hay partículas aún más pequeñas. Entre estas partículas nucleares hay cientos de tipos distintos y nadie sabe cuándo acabará el análisis de este mundo diminuto.

Se dice que la forma en que los electrones se mueven a velocidades muy elevadas en sus órbitas dentro del átomo es exactamente como el movimiento de los cometas en la galaxia. Para los físicos atómicos el mundo de las partículas es tan vasto como el mismo universo. Pero se ha demostrado que al lado de la galaxia en que vivimos existen innumerables otras galaxias. Entonces, a los ojos de un cosmólogo, nuestra galaxia entera se vuelve infinitamente pequeña. El hecho es que las personas que creen que una gota de agua es simple, o que una roca es fija e inerte, son felices locos ignorantes, y que los científicos que conocen que la gota de agua es un gran universo, la roca un mundo activo de partículas elementales moviéndose como cohetes, son locos inteligentes. Visto de forma sencilla, este mundo es real y asequible. Visto de forma compleja, el mundo se vuelve aterradoramente abstracto y distante.

Los científicos que se regocijaron cuando se trajeron rocas de la Luna, tienen menos comprensión de esta que los niños que cantan: «¿Cuántos años tienes, Sra. Luna?». Basho (un famoso poeta japonés de haikus (1644-1694)) pudo aprehender las maravillas de la naturaleza observando los reflejos de la luna llena en la tranquilidad de un estanque. Todo lo que los científicos hicieron al salir al espacio y hollar el suelo lunar con sus botas espaciales fue deslucir un poco el esplendor que tenía la luna para muchos amantes y niños de la tierra.

¿Cómo es que la gente cree que la ciencia beneficia a la humanidad? Al principio el grano era molido en esta aldea con un molino de piedra que era girado lentamente a mano. Luego se construyó, para utilizar la potencia de la corriente del río, un molino de agua de una fuerza incomparablemente superior al antiguo molino de piedra. Hace pocos años se construyó una presa para producir electricidad y un molino alimentado por corriente eléctrica. ¿Cómo crees que esta maquinaria mejorada trabaja en beneficio de los seres humanos? Para moler arroz hasta conseguir harina, en primer lugar se pule el grano, es decir, se convierte en arroz blanco. Ello supone descascarillar el grano separando el germen y el salvado, base de una buena salud, y conservando los restos (en japonés el carácter para escribir «sobras de comida» —pronunciado *kasu*— se compone de dos radicales que significan «blanco» y «arroz». El carácter para «salvado» —*nuka*— se compone de «arroz» y «salud»).

Y así, el resultado de esta tecnología es la división del grano completo en subproductos incompletos. Si el demasiado fácilmente digerible arroz blanco se convierte en un alimento básico de consumo diario, hacen su aparición las carencias de nutrientes en las dietas, y se hacen necesarios los suplementos en la nutrición. La piedra movida por el agua y la industria harinera están haciendo el trabajo del estómago e intestinos, y el resultado es que estos órganos se vuelven perezosos.

Lo mismo ocurre con el combustible. El petróleo se forma cuando los tejidos de antiguas plantas enterradas profundamente en la tierra se transforman bajo grandes presiones y calor. Esta sustancia se extrae del desierto, se envía por oleoductos a un puerto, es entonces transportada hasta el Japón en barcos, refinada hasta gasolina y gasoil en una gran refinería. ¿Qué crees que es más rápido, cálido y conveniente, quemar este petróleo o ramas de cedro o pino de enfrente de tu casa?[15]

---

15   N. del ed. En estos tiempos la mayor parte del mundo se enfrenta
      a la escasez de leña para quemar. Implícito en el argumento del Sr.

El combustible es la misma materia vegetal, solamente que el gasoil y la gasolina siguieron un camino más largo hasta llegar aquí. Ahora dicen que los combustibles fósiles no son suficientes y que necesitamos desarrollar la energía atómica. Buscar el escaso mineral de uranio, concentrarlo en combustible radioactivo y quemarlo en un enorme horno nuclear no es tan fácil como quemar hojas secas con una cerilla. Por otra parte, el fuego en una chimenea sólo deja cenizas, pero tras el fuego nuclear los residuos radioactivos siguen siendo peligrosos durante muchos miles de años.

El mismo principio rige en agricultura. Haz crecer una planta tierna y gruesa de arroz en un campo inundado y conseguirás una planta que es fácilmente atacada por insectos y enfermedades. Cuando se utilizan variedades de semillas «mejoradas» es necesario apoyarse en la ayuda de insecticidas y abonos químicos. Por el contrario, si haces crecer una planta pequeña y vigorosa en un entorno favorable son innecesarios estos productos químicos.

Cultiva un campo de arroz con arado y tractor y el suelo se volverá deficiente en oxígeno, se destruirá su estructura, se eliminarán las lombrices de tierra y otros pequeños animales, y el suelo se volverá duro y falto de vida. Una vez ocurrido esto entonces sí que es necesario voltear la tierra cada año; cuando la tierra se cultiva a sí misma de forma natural, entonces no se necesita ni arado ni cultivador. Tras haber quemado hasta su eliminación la materia orgánica y los microorganismos del suelo viviente, se vuelve necesario el uso de abonos de acción rápida. Si se emplea un abono químico el arroz

---

Fukuoka se encuentra la necesidad de plantar árboles. Más ampliamente, el Sr. Fukuoka sugiere respuestas modestas y directas a las necesidades de la vida diaria.

crece rápido y alto, pero lo mismo hacen las malas hierbas. Entonces deben aplicarse herbicidas y se piensa que son beneficiosos. Pero si se siembra trébol con el cereal, y toda la paja y residuos orgánicos se devuelven a la superficie del campo en forma de acolchado, entonces los cultivos pueden crecer sin herbicidas, abonos químicos o compost preparado en montones.

En agricultura es poco lo que no puede ser eliminado. Abonos preparados, herbicidas, insecticidas, maquinaria..., todos son innecesarios. Pero si se crea una condición en que se vuelven necesarios, entonces se requiere el poder de la ciencia. He demostrado en mis campos que la agricultura natural produce rendimientos comparables a los de la agricultura científica moderna. Si los resultados de una agricultura no-activa son comparables a los de la ciencia a una fracción del coste de inversión en trabajo y recursos, entonces ¿dónde está el beneficio de la tecnología científica?

La teoría de la relatividad

Mientras miraba cómo el resplandeciente sol del cielo otoñal irradiaba su luz sobre los campos cercanos, estaba asombrado. En cada campo a excepción del mío había una máquina cosechadora de arroz trabajando. En los últimos tres años este pueblo se ha vuelto irreconocible. Tal como se puede esperar, los jóvenes de la montaña no envidian el cambio hacia la mecanización. Disfrutan de la cosecha silenciosa y pacífica por medio de la vieja hoz.

Esta noche, mientras terminábamos la cena, recordé durante el té cómo hace ya tiempo, cuando los agricultores de esta aldea labraban la tierra a mano, un hombre empezó a utilizar una vaca. Estaba muy orgulloso de la facilidad y velocidad con que podía realizar el laborioso trabajo de arar.

Hace veinte años, cuando apareció el primer cultivador mecánico, todos los agricultores se reunieron y discutieron seriamente qué era mejor, la vaca o la máquina. En dos o tres años quedó claro que arar con la máquina era más rápido y sin tener en cuenta otras consideraciones que tiempo y comodidad, los agricultores abandonaron sus animales de tracción. El motivo era simplemente acabar el trabajo antes que el vecino. El agricultor no se da cuenta de que únicamente se ha convertido en un factor en la ecuación de aumentar rapidez y eficiencia en la agricultura moderna. Deja que el vendedor de maquinaria agrícola haga todos los cálculos por él.

Antes la gente miraba el estrellado cielo nocturno y se sentía aterrada ante la grandiosidad del universo. Ahora las cuestiones de tiempo y de espacio se han dejado enteramente a la consideración de los científicos. Se dice que se dio el premio Nobel de física a Einstein en deferencia a la incomprensibilidad de su teoría de la relatividad. Si su teoría hubiese explicado claramente el fenómeno de la relatividad en el mundo y así liberado a la humanidad de sus confines de tiempo y espacio dando como resultado un mundo más agradable y pacífico, hubiese sido algo digno de alabanza. Su explicación es sin embargo desorientadora. Esto hizo que la gente creyese que el mundo es algo cuya complejidad está más allá de cualquier entendimiento. Una mención por alterar la paz del espíritu humano debería haber sido su premio.

En la naturaleza no existe el mundo de la relatividad. La idea de fenómenos relativos es una estructura dada a la experiencia por el intelecto humano. Otros animales viven en un mundo de realidad indivisible. En la medida en que uno vive en el mundo relativo del intelecto, se pierde la noción del tiempo que está más allá del tiempo, y del espacio que está más allá del espacio. «Tal vez estáis preguntándoos por qué tengo la costumbre de meterme continuamente con los científicos», dije parándome a tomar un sorbo de té. Los jóvenes levantaron la mirada sonrientes con la cara resplandeciente por la vacilante luz del fuego. «Es porque el papel del científico en la sociedad es análogo al de la discriminación en vuestras mentes»

Un pueblo sin guerra y paz

Una serpiente sostiene una rama en la boca y se aleja deslizándose entre la hierba. Una chica grita. Un valiente muchacho se despoja de sus sentimientos de repulsión y lanza una piedra a la serpiente. Los otros se ríen. Me vuelvo hacia el muchacho que tiró la piedra: «¿Qué crees que vas a conseguir con esto?». El halcón caza la serpiente. El lobo ataca al halcón. Un hombre mata al lobo..., y más tarde sucumbe a causa de un virus tuberculoso.

Las bacterias se reproducen en los restos humanos y de otros animales, hierbas y árboles prosperan sobre los nutrientes que liberan la actividad de las bacterias. Los insectos atacan a los árboles, la rana come los insectos. Animales, plantas, microorganismos... todos son parte del ciclo de la vida. Manteniendo un equilibrio adecuado, viven una existencia regulada por la naturaleza.

La gente puede elegir entre ver este mundo bajo el esquema del fuerte que se come al débil, o el de la coexistencia y beneficio mutuo. De cualquier forma, es una interpretación arbitraria la que causa el viento y las olas, la que ocasiona desorden y confusión. Los adultos creen que la rana es digna de compasión, y al sentir compasión por su muerte desprecian a la serpiente. Este sentimiento puede parecer natural, algo que es así, ¿pero es esto lo que es en realidad?

Un joven dijo: «Si la vida se contempla como una competición en la que el fuerte se come al débil, la faz de la Tierra se convierte en un infierno con carnicerías y destrucción. Pero es inevitable que los débiles sean sacrificados para que puedan vivir los fuertes. Que el fuerte gane y sobreviva y el débil muera es una ley de la naturaleza. Tras millones de años, las criaturas que ahora viven en la Tierra han sido los vencedores en la lucha por la vida. Podría decirse que la supervivencia del más adaptado es una ley de la naturaleza».

Dijo un segundo joven: «De todos modos, esto es lo que les parece a los vencedores. Del modo en que yo lo veo, este es un mundo de coexistencia y beneficio mutuo. Al pie del cereal de este campo viven el trébol y otras muchas variedades de hierbas beneficiándose mutuamente. La hiedra se enrolla alrededor de los árboles: el musgo y líquenes viven sobre el tronco y las ramas de los árboles. Los helechos se extienden bajo la cobertura de los árboles del bosque. Pájaros y ranas, plantas, insectos, animales diminutos, bacterias..., todas las criaturas juegan papeles esenciales y se benefician mutuamente entre ellos».

Habló un tercero: «La Tierra es un mundo en el que los fuertes se comen a los débiles y a la vez es un mundo de coexistencia. Las criaturas más fuertes no toman más alimentos que los que necesitan: a pesar de que atacan a otras criaturas, se mantiene el balance global de la naturaleza. La providencia de la naturaleza es una regla rígida, que mantiene el orden y la paz sobre la Tierra».

Tres personas, tres puntos de vista diferentes. Negué rotundamente los tres puntos de vista.

El mundo en sí nunca se pregunta si está basado en el principio de la competición o en el de la cooperación. Cuando se ve desde la perspectiva relativa del intelecto humano, hay quienes son fuertes y quienes son débiles, hay grandes y pequeños. Nadie duda ahora de la existencia de esta perspectiva relativa, pero si supusiéramos que la relatividad de la percepción humana está equivocada —por ejemplo que no hay grande ni pequeño, ni arriba ni abajo—, si nosotros decidimos que no hay en absoluto tal punto de referencia, se hundirían los valores y juicios humanos.

«¿No es esta forma de ver el mundo un vuelo vacío de la imaginación? En realidad hay países grandes y pequeños. Si hay pobreza y abundancia, fuertes y débiles, inevitablemente habrá disputas y, como consecuencia, vencedores y vencidos. ¿No podría mejor decirse que estas percepciones relativas y las emociones resultantes son humanas y por lo tanto naturales, que son el único privilegio del ser humano?»

Los otros animales luchan pero no hacen guerras. Si dices que hacer la guerra depende de las ideas de fuerte y débil, que es un «privilegio» especial de la humanidad, entonces la vida es una farsa. El no saber que esta farsa es una farsa, esta es la tragedia humana. Los que viven pacíficamente en un mundo sin contradicciones ni distinciones son los niños. Perciben luz y oscuridad, fuerza y debilidad, pero no emiten juicios. Incluso a pesar de que la serpiente y la rana existen, el niño no entiende de fuertes y débiles. El gozo auténtico de la vida está aquí, pero el miedo a la muerte está presto a aparecer.

El amor y el odio que surgen a los ojos de los adultos no eran en el principio cosas separadas. Son la misma cosa vista de frente y de espaldas. El amor alimenta el odio. Si vuelves la moneda del amor, este se convierte en odio. Solamente mediante la penetración en un mundo absoluto sin aspectos es posible evitar perderse en la dualidad del mundo de los fenómenos. La gente distingue entre uno mismo y los otros. Hasta el punto en que el ego exista, hasta el punto en que existan los otros, la gente no será liberada del amor y el odio. El corazón que ama al ego perverso crea al enemigo odiado. Para los humanos el primero y más importante de los enemigos es el ego que tienen en tanta estima.

La gente elige entre atacar o defender. En la lucha que sigue se acusan unos a otros de provocar conflictos. Es como aplaudir y discutir luego sobre qué mano hace el ruido, si la izquierda o la derecha. En toda lucha no hay correcto ni incorrecto, tampoco bueno ni malo. Todas las distinciones conscientes surgen al mismo tiempo y todas están equivocadas. Construir una fortaleza es un error desde el principio. Incluso si es con la excusa de defender la ciudad, el castillo es el resultado de la personalidad del gobernante.

Diciendo que teme el ataque y que la fortificación es para defender a la ciudad, el matón almacena armas y cierra con llave las puertas. El acto de defensa es ya un ataque. Las armas para la defensa son siempre un pretexto para los que instigan las guerras. La calamidad de la guerra se origina en el fortalecimiento y potenciación de las distinciones sin sentido entre yo/otro, fuerte/débil, atacar/defender. No hay otro camino para la paz que el de que todos abandonen la puerta del castillo de la percepción relativa, bajen al prado y vuelvan al corazón de la naturaleza no-activa. Esto es, afilando la hoz en vez de la espada. Los agricultores de antaño eran gente pacífica, pero ahora se pelean con los australianos por la carne, con Rusia por el pescado, y dependen de América para el trigo y la soja.

Me siento como si en Japón estuviésemos viviendo a la sombra de un gran árbol, y no hay sitio más peligroso en el que cobijarse durante una tormenta que bajo un gran árbol. Y no podría haber mayor locura que refugiarse bajo un «paraguas nuclear» que será el primer objetivo en la próxima guerra. Ahora estamos cultivando la tierra bajo este negro paraguas. Siento como si la crisis se acercase desde dentro y desde fuera. Olvidémonos de los aspectos de dentro y fuera. Los agricultores de todas las partes del mundo son en el fondo los mismos agricultores. Digamos que la llave de la paz se encuentra cerca de la tierra.

La revolución
de una brizna de paja

Entre los jóvenes que llegan a las cabañas de estas montañas están los que, pobres de espíritu y cuerpo, han abandonado toda esperanza. Sólo soy un viejo agricultor que siente no poder darles ni siquiera un par de sandalias... aunque todavía hay algo que sí puedo darles. Una brizna de paja.

Recogí un manojo de paja de enfrente de una de las cabañas y dije: «Con solo esta paja puede empezar una revolución». «Con la destrucción de la humanidad a mano ¿puedes todavía tener esperanza adhiriéndote a una paja?», preguntó un joven, con un deje de amargura en su voz. Esta paja nos parece pequeña y ligera, y la mayoría de la gente no sabe cuánto pesa en realidad. Si la gente supiera el valor real de esta paja podría iniciarse una revolución humana con la fuerza suficiente para mover el país y el mundo.

Cuando era un niño, había un hombre que vivía cerca del paso de Inuyose. Todo lo que parecía hacer era cargar carbón vegetal a lomos de su caballo, a lo largo de los casi tres kilómetros del camino que va desde la cumbre de la montaña hasta el puerto de Gunchu. Y así se hizo rico. Si preguntáis cómo, la gente os dirá que en su camino de regreso a casa recogía la paja y el estiércol de la cuneta y los echaba a su campo. Su lema era: «Trata una brizna de paja como algo importante y no tomes nunca un paso en vano». Esto hizo de él un hombre rico.

«Incluso si quemases la paja no creo que fuese capaz de producir la chispa que iniciase la revolución» Una suave brisa sopló entre los árboles del huerto, el sol destellaba entre las hojas verdes. Empecé a hablar sobre el uso de la paja en el cultivo del arroz.

Han pasado casi cuarenta años desde que me di cuenta de lo importante que podía ser la paja en el cultivo del arroz y la cebada. Por aquel entonces, pasando junto a un viejo campo de arroz en la Prefectura de Kochi que se había dejado sin cultivar muchos años, vi saludables plantas jóvenes de arroz que crecían a través de la maraña de hierba y paja que se había acumulado sobre la superficie del campo. Tras trabajar sobre las implicaciones de este hecho durante muchos años, acabé abogando por un método completamente nuevo para el cultivo del arroz y la cebada. Creyendo que este era un tipo de agricultura natural y revolucionario, escribí sobre ello en libros y revistas y hablé de él en radio y televisión docenas de veces. Parece una cosa sencilla, pero los agricultores están tan asentados en su manera de pensar cómo debe usarse la paja que es improbable que acepten cambiar fácilmente. El esparcir paja fresca sobre un campo puede ser arriesgado a causa de que la roya del arroz y la podredumbre de la caña son enfermedades siempre presentes en la paja del arroz.

En otros tiempos estas enfermedades causaron grandes daños, esta es una de las razones principales por las que los agricultores siempre han convertido la paja en compost antes de devolverla al campo. Hace tiempo la eliminación cuidadosa de la paja se practicaba como medida contra la enfermedad de la roya y hubo tiempos en Hokkaido en que la quema de toda la paja era obligada por la ley. Los taladros del tallo también penetran en la paja para pasar el invierno. Para prevenir una plaga de estos insectos, los agricultores solían compostar cuidadosamente la paja a lo largo del invierno para asegurarse de que estaría completamente descompuesta al llegar la próxima primavera. Es por esto que los agricultores japoneses han mantenido siempre sus campos tan limpios y ordenados. El conocimiento práctico de la vida diaria mostraba que si los agricultores dejaban la paja sin recoger serían castigados por el cielo por su negligencia.

Tras años de experimentación, incluso técnicos expertos han confirmado mi teoría de que esparcir paja fresca por el campo seis meses antes de sembrar está completamente exento de todo riesgo. Esto revolucionó todas las ideas previas sobre ello. Pero pasará mucho tiempo antes de que los agricultores acepten utilizar la paja de esta manera. Los agricultores han estado trabajando durante siglos para aumentar la producción del compost. El Ministerio de Agricultura solía ofrecer incentivos económicos para favorecer la producción de compost y se organizaban concursos anuales para la exhibición de este. Los agricultores acabaron creyendo en el compost como si fuese la deidad protectora del suelo. Actualmente vuelve a haber un movimiento para fabricar más compost, «mejor» compost, con lombrices e iniciadores de fermentación. No hay razón para esperar una fácil aceptación de mi sugerencia de que es innecesario el compost preparado y que todo lo que hay que hacer es esparcir la paja fresca sin trocear sobre la parcela.

En un viaje a Tokio mirando a través de la ventana del tren Tokaido he visto la transformación del campo japonés. Mirando los campos invernales, cuya apariencia ha cambiado por completo en los últimos diez años, siento una cólera que no puedo expresar. El antiguo paisaje de cuidados campos de cebada verde, veza lechosa china y colza en flor ya no puede ser visto en ningún lugar. En vez de ello, la paja medio quemada se apila toscamente en montones y se deja empapar bajo la lluvia. La negligencia con esta paja es prueba del desorden en la agricultura moderna. La esterilidad de estos campos refleja la esterilidad del espíritu del agricultor. Es un desafío a la responsabilidad de los líderes políticos y señala claramente la ausencia de una política agrícola inteligente.

El hombre que hace años habló de un «misericordioso final» para el cultivo de cereales de invierno, de su «muerte en la cuneta»... ¿qué piensa ahora cuando ve estos campos vacíos? Viendo los estériles campos del invierno japonés ya no puedo permanecer resignado un momento más. ¡Con esta paja yo, por mis propios medios, iniciaré una revolución! Los jóvenes que habían estado escuchando en silencio reían ahora con gusto.

«¿La revolución de un hombre? Coge mañana un saco de semillas de cebada, arroz y trébol y parte llevándolo sobre la espalda como Dkuninushi-nornikoto[16] y esparce las semillas por los campos de Tokaido»

---

16   El legendario dios japonés de la salud, que viaja repartiendo buena suerte del interior de un saco que lleva sobre su espalda.

Ecología del libro

Cada vez que se comparte un libro, el impacto ecológico de haberlo producido se divide entre dos. Si se comparte de nuevo se divide entre cuatro... Así, hasta el infinito.

Por eso incluimos, en cada una de nuestras ediciones, una hoja de más; para que se anoten las personas que han compartido el mismo libro.

Nombre	Fecha	Lugar

Mochila económica

En un ejercicio de transparencia, hemos decidido exponer cuáles son los costes que hay detrás de la publicación de cada libro. Creemos totalmente necesaria la accesibilidad a la cultura y la necesidad de generarla desde posiciones críticas. Intentamos que los precios de nuestros libros no sean desorbitados y que, a su vez, sean viables para sostener el proyecto. Esperamos que esto ayude a las lectoras a tomar consciencia de lo que supone. El precio de venta de este libro se divide de la siguiente forma:

Trabajo de impresión y postimpresión:	2,58 €
Trabajo de edición:	0,51 €
Recuperación de la inversión:	1,66 €
Autoría:	0,84 €
Externalizaciones	0,35 €
Trabajo de distribución:	2,00 €
Librería u otros:	3,60 €
IVA:	0,46 €
PVP:	12 €

Este libro se acabo de imprimir
durante el mes de marzo de 2026
en Can Batlló, Barcelona.